Petra Hömens

Professionelles Beraten will gelernt sein

Diätologische Beratungskompetenzen entwickeln, erweitern und vertiefen

Diplomica Verlag GmbH

Hömens, Petra: Professionelles Beraten will gelernt sein. Diätologische Beratungskompetenzen entwickeln, erweitern und vertiefen, Hamburg, Diplomica Verlag GmbH 2016

Buch-ISBN: 978-3-95934-994-9
PDF-eBook-ISBN: 978-3-95934-494-4
Druck/Herstellung: Diplomica® Verlag GmbH, Hamburg, 2016

Bibliografische Information der Deutschen Nationalbibliothek:
Die Deutsche Nationalbibliothek verzeichnet diese Publikation in der Deutschen Nationalbibliografie; detaillierte bibliografische Daten sind im Internet über http://dnb.d-nb.de abrufbar.

© Diplomica Verlag GmbH
Hermannstal 119k, 22119 Hamburg
http://www.diplomica-verlag.de, Hamburg 2016
Printed in Germany

Kurzfassung

Im Bachelor-Studiengang Diätologie repräsentieren die Entwicklung, Erweiterung und Vertiefung der Beratungskompetenzen das zentrale Bildungsziel. Dies spiegelt sich im Berufsbild der Diätologin und des Diätologen wider. Im berufsspezifischen Bereich werden die diätologischen Interventionen zur Behandlung und Betreuung der Klientel umgesetzt. Die diätologischen Interventionen sind in den diätologischen Prozess eingebettet und beinhalten die Durchführung der Ernährungstherapien, der ernährungsmedizinischen Beratungen und von Schulungen. Ziel dieser Studie ist es, die Beratungskompetenzen im Rahmen des Bachelor-Studienganges Diätologie zu konkretisieren und zu beschreiben. Unter Berücksichtigung des Berner Modells für professionelle Kommunikation in Gesundheitsberufen existieren derzeit keine didaktischen und methodologisch begründeten Modelle und Konzepte zum Aufbau und zur Entwicklung der Beratungskompetenzen im Bachelor-Studiengang Diätologie. Diesbezüglich wird das Ziel verfolgt, hochschuldidaktische Empfehlungen für den Aufbau eines Beratungskompetenzmodells zu formulieren. An die literarischen Quellen wurde der Anspruch erhoben, dass diese den derzeitigen Stand der Forschung repräsentieren. Ältere Literaturquellen wurden dann herangezogen, wenn diese eine Allgemeingültigkeit bis zum heutigen Stand vertreten. Hierbei wurden die Recherchemethoden kombiniert. Die Konkretisierung der Beratungskompetenzen gründet sich auf den gesetzlichen und curricularen Rahmen unter Verwendung einschlägiger Fachliteratur. Daraus ableitend bestehen die Beratungskompetenzen aus fachlich-methodischen Kompetenzen, sozialkommunikativen Kompetenzen und Selbstkompetenzen. Das Fachwissen, die Beratungsfähigkeiten und -fertigkeiten sind integrative Bestandteile der Beratungskompetenzen. Die hochschuldidaktischen Empfehlungen zum Aufbau des Beratungskompetenzmodells im Bachelor-Studiengang Diätologie beruhen auf dem konstruktivistischen Ansatz und auf den neurodidaktischen Erkenntnissen, die im Rahmen der vermittlungs- und handlungsorientierten Didaktik und des Konzeptes „Constructive Alignment" erarbeitet wurden. Die hochschuldidaktischen Empfehlungen können zum Aufbau eines Beratungskompetenzmodells zur Entwicklung, Erweiterung und Vertiefung der Beratungskompetenzen im Bachelor-Studiengang Diätologie herangezogen werden. Um die Entwicklung, Erweiterung und Vertiefung der Beratungskompetenzen der Studierenden zu fördern, bedarf es der Integration des Beratungskompetenzmodells in die Bachelor-Studiengänge der Diätologie.

Schlüsselwörter: Beratung, Beratungskompetenzen, Diätologie, hochschuldidaktische Empfehlungen.

Abstract

In the bachelor's degree program Dietetics, the development, expansion and deepening of counseling skills represent the central educational target. This is reflected in the job description of dieticians and nutritionists. In the job-related area, the dietetic interventions for the treatment and care of the clientele are implemented. The dietetic interventions are embedded in the dietetic process and involve the implementation of nutrition therapies, nutritional medicine consultation and training. The aim of this thesis is to specify and describe the counseling skills within the bachelor's degree program Dietetics. Considering the Berner model for professional communication in health professions, there are currently no didactic and methodologically justified models and concepts for building up and developing counseling skills in the bachelor's degree program Dietetics. Regarding this lack of scientific data, the pursued objective is framing recommendations for principles of teaching in a university context. Based on the underlying limitation of topics, research methods were combined. An essential requirement regarding the literary sources was that they are representative of the current state of research. Older sources were only used, if they represented universality to the present state. The concretization of the counseling skills is based on the legal and curricular framework in the relevant literature. Deriving from that, the counseling skills consist of technical and methodological skills, social communication skills and personal skills. Expert knowledge, consulting skills and proficiencies are integral components of counseling competence. The recommendations for setting up a consultation competence model in the bachelor's degree program Dietetics are based on the constructivist approach and neuro didactic findings. These findings were developed in the context of mediating and action-oriented teaching as well as the concept of constructive alignment. The university didactical recommendations can be used to build a consulting competency model for the development, expansion and deepening of counseling skills in the bachelor's degree program Dietetics. In order to promote the development, expansion and deepening of students' counseling skills, we need to integrate the consultancy competence model in the bachelor's degree program Dietetics.

Keywords: Consultancy, consultation expertise, dietetic, university didactical recommendations.

Inhaltsverzeichnis

Abkürzungsverzeichnis

FH Gesundheitsberufe OÖ GmbH	Fachhochschule für Gesundheitsberufe Oberösterreich GmbH
FH-MTD-AV	Verordnung der Bundesministerin für Gesundheit und Frauen über Fachhochschul-Bakkalaureatsstudiengänge für die Ausbildung in den gehobenen medizinisch-technischen Diensten
MTD-Gesetz	Bundesgesetz über die Regelung der gehobenen medizinisch-technischen Dienste

1 Einleitung

Professionelles Beraten will gelernt sein. In den Bachelor-Studiengängen der Diätologie werden die angehenden Absolventinnen und Absolventen auf das entsprechende Berufsbild und auf die fachspezifischen Berufsanforderungen hin ausgebildet. Diese ist gekennzeichnet durch die Entwicklung, Erweiterung und Förderung der sozialkommunikativen Kompetenzen, der Sozialkompetenzen, der fachlich- methodischen Kompetenzen und der wissenschaftlichen Kompetenzen (vgl. § 2 Abs. FH-MTD-AV). Die Entwicklung, Erweiterung und Vertiefung der angeführten Kompetenzfelder werden im Rahmen der 6-semestrigen Ausbildung in den Bachelor-Studiengängen Diätologie gewährleistet. Dies bildet die Grundlage für das Erlangen der Berufsberechtigung, Klientinnen und Klienten ernährungsmedizinisch zu betreuen, zu beraten wie auch zu behandeln (vgl. HOFBAUER u.a. 2011, S. 19). Im künftigen Berufsalltag müssen sich die Absolventinnen und Absolventen mit komplexen Situationen auseinandersetzen, die hohe Anforderungen an das berufliche Handeln stellen (vgl. HEYSE/GIGER 2015, S. 454). Dabei spiegelt sich die Notwendigkeit der Entwicklung, Erweiterung und Vertiefung der Beratungskompetenzen im beruflichen Schwerpunkt in der Diätologie wider. Dies zeigt sich in den veröffentlichten Inhalten der FACHHOCHSCHULE FÜR GESUNDHEITSBERUFE OBERÖSTERREICHS GMBH (FH Gesundheitsberufe OÖ GmbH) (vgl. 2015a, Diätologie/Berufsbild) über das Berufsbild der Diätologin und des Diätologen.

Ein wesentlicher Handlungsschwerpunkt der Diätologin bzw. des Diätologen sind das Planen und Durchführen der ernährungsmedizinischen Beratungen. Daraus resultiert ein besonderer Stellenwert im Kontext des Aufbaus und der Festigung der Beratungskompetenzen. Die Aneignung der Beratungskompetenzen zu fördern, zu unterstützen wie auch zu sichern stellt eine besondere Herausforderung dar (vgl. DIVIANI u.a. 2012, S. 5). Methodologische und didaktische Konzeptionen können Umsetzungsmöglichkeiten in der Hochschullehre bieten. Aufgrund dessen wurde eine intensive Literaturrecherche nach methodologischen und didaktischen Konzepten, Modellen und Theorien im Kontext des Erwerbs der Beratungskompetenzen im fachspezifischen Bereich der Diätologie vorgenommen. Diese Literaturrecherche ergab, dass einschlägige Fachliterurbezüge und Dissertationen in der Fachdisziplin Diätologie nur rar zu finden sind.

Im Zuge dessen konnte ein preisgekröntes Modell zur Erweiterung und Vertiefung der kommunikativen Kompetenzen herangezogen werden. Das didaktisch und methodologisch aufgebaute Kommunikationsmodell wurde von der Berner Fachhochschule im Fachbereich Gesundheit erarbeitet. Das sogenannte Berner Modell für professionelle Kommunikation in Gesundheitsberufen wurde zur Umsetzung in der Lehre und Weiterbildung im Fachbereich Gesundheit konzipiert. Die Autorenschaft hat sich in der interdiszi-plinären Zusammenarbeit der besonderen Herausforderung gestellt, ein Modell zur Erweiterung und Vertiefung der kommunikativen Kompetenzen zu erarbeiten. Neben den Gesundheitsberufen Hebamme, Physiotherapie, Gesundheits- und Krankenpflege wurde dieses spezifische Modell auch für die Fachdisziplin Diätetik und Ernährung entwickelt (vgl. DIVIANI u.a. 2012, S. 1 ff.).

Allerdings erfordert eine bewusste Förderung der Kompetenzen in der Aus- und Weiterbil-dung methodische und didaktische Überlegungen (vgl. DIVIANI u.a. 2012, S. 5). Diese zielen auf eine handlungsorientierte Didaktik ab. PFÄFFLI (vgl. 2005, S. 59) beschreibt das Anstreben einer handlungs- und praxisorientierten Lehre im unmittelbaren Bezug zur beruflichen Praxis als erforderlich. In Berufspraktika und in der praxisorientierten Lehre wird die Verzahnung des bereits erworbenen Wissens in die Praxis transferiert. Zur intensiven Verknüpfung des theoretischen Wissens mit der Praxis werden realitätsnahe Situationen benötigt (vgl. HEYSE/GIGER 2015, S. 441). Das übergeordnete Ziel des Bachelor-Studiengangs Diätologie ist es, den Studierenden eine Ausbildung zu bieten, die sich auf wissenschaftlich basierte Kenntnisse gründet und die Verknüpfung mit der Praxis ermöglicht. Die FH GESUNDHEITSBERUFE OÖ GMBH (2015c, Diätologie/Studiengang) wirbt mit einem adäquaten Verhältnis zwischen Wissenschaftlichkeit, Praxisbezug und Theorie. Eine modulare Übersicht stellt die einzelnen Semester und die beruflichen Handlungs-kompetenzen des Bachelor-Studienganges exemplarisch dar.

1.1 Problemstellung und Relevanz

Der Bachelor-Studiengang Diätologie ist gekennzeichnet durch den Erwerb sozialkommu-nikativer Kompetenzen, von Sozialkompetenzen, fachlich-methodischer sowie wissen-schaftlicher Kompetenzen. Dies umfasst die beruflichen Handlungskompetenzen (vgl. § 2 FH-MTD-AV). In Anlehnung an den angeführten Kompetenzerwerb, welcher im Curricu-lum des Bachelor-Studienganges Diätologie beschrieben wird, bilden die Erweiterung und Vertiefung der Beratungskompetenzen einen wesentlichen Schwerpunkt (vgl. FH GESUNDHEITSBERUFE OÖ GMBH 2015b, Diätologie/Modulplan/Curriculum/LVA). Eine genaue Differenzierung zwischen den beruflichen Handlungskompetenzen und den Beratungskompetenzen im beruflichen Bereich der Diätologie wurde bisher nicht wissen-schaftlich geprüft. Einschlägige Fachliteraturbezüge über Beratungskompetenzen, die im Bezug zu Fachtermini der Diätologie stehen, sind nicht ausreichend genug gegeben, um die Beratungskompetenzen eindeutig zu unterscheiden. Daraus folgt die Notwendigkeit, die Beratungskompetenzen aus den Handlungskompetenzen zu erfassen. In der Be-schreibung des Berufsbildes der Diätologin bzw. des Diätologen wird deutlich, dass das

Durchführen der diätologischen Interventionen einen beruflichen Schwerpunkt darstellt. Klientinnen und Klienten ernährungstherapeutisch zu beraten und betreuen setzt die Entwicklung, Erweiterung und Vertiefung der Beratungskompetenzen voraus (vgl. FH GESUNDHEITSBERUFE OÖ GMBH 2015a, Diätologie/Berufsbild).

In Österreich existiert kein didaktisch und methodologisch aufgebautes Modell zur Erweiterung, Vertiefung und Entwicklung der Beratungskompetenzen. Daraus entspringt die Folgerung, dass Empfehlungen zum Aufbau des Beratungskompetenzmodells durch theoriegeleitete wie auch evidenzbasierte Bezüge formuliert werden. Der curriculare Rahmen bestimmt die Grundstrukturen im Aufbau des Bachelor-Studienganges der Diätologie. Die Lehrveranstaltungen zu den Modulen Kommunikation und Beratungstechnik werden an der FH JOANNEUM GMBH (vgl. 2015, Diätologie/Studienplan) gehalten. Im Vergleich dazu werden an der FH GESUNDHEITSBERUFE OÖ GMBH (vgl. 2015b, Diätologie/Modulplan/Curriculum/LVA) die Beratungskompetenzen im Rahmen der Module Kommunikation, Kooperation, Ernährungskommunikation und angewandte Ernährungsberatung vermittelt. Die aufgezeigten Inhalte dieser Module beschreiben nicht den methodischen Zugang und die didaktische Umsetzung der modularen Inhalte hinsichtlich der Entwicklung, der Erweiterung und der Vertiefung der Beratungskompetenzen. Die FH CAMPUS WIEN (vgl. 2015, Diätologie) benennt die Lehr- und Lernmethoden im Rahmen des Moduls Beratungstechnik, die im Bachelor-Studiengang Diätologie zum Erwerb der Beratungskompetenzen umgesetzt werden. Daraus kann die Folgerung gezogen werden, dass die jeweiligen Ausbildungsstätten selbst das methodologisch-didaktische Vorgehen individuell zu entwickeln und zu entscheiden haben.

1.2 Fragestellung und Zielsetzung

Auf Grundlage der Problemstellung und des Forschungsstandes werden folgende Forschungsfragen und Zielsetzungen formuliert.

- Welche Beratungskompetenzen werden im Rahmen des Bachelor-Studienganges Diätologie erweitert, entwickelt und vertieft?
- Welche hochschuldidaktischen Empfehlungen sind beim Aufbau eines Beratungskompetenzmodells im Bachelor-Studiengang Diätologie zu berücksichtigen?

Ziel dieser Arbeit ist es, die Beratungskompetenzen einer Diätologin bzw. eines Diätologen zu erfassen und zu konkretisieren. Dies führt zur intensiven Auseinandersetzung mit den beruflichen Beratungskompetenzen in Bezug auf den Bachelor-Studiengang Diätologie. Darüber hinaus wird das Ziel verfolgt, hochschuldidaktische Empfehlungen für die

Konstruktion eines Beratungskompetenzmodells zu formulieren. Die hochschuldidaktischen Empfehlungen richten sich auf die Entwicklung, Erweiterung und Vertiefung der Beratungskompetenzen. In die Formulierung und Zusammenstellung der hochschuldidaktischen Empfehlungen fließen aktuelle und wissenschaftlich begründete didaktische Ansätze und methodische Zugänge ein. Die hochschuldidaktischen Empfehlungen stellen eine Grundlage dar für den Aufbau eines Beratungskompetenzmodells der Bachelor-Studiengänge im fachspezifischen Bereich der Diätologie.

1.3 Methodik

Die Literaturrecherche erfolgte in nationalen wie auch internationalen Online-Datenbanken und nationalen Bibliotheken. Die Online-Datenbanken „Google Scholar" und „PubMed" wurden dabei herangezogen. Die Handsuche fand in den Bibliotheken der Johannes Kepler Universität statt, in der Hauptbibliothek wie auch in den Fachbibliotheken. Des Weiteren wurde die Literaturrecherche in der Landesbibliothek Linz wie auch in der Bibliothek des Master-Lehrganges Hochschuldidaktik für Gesundheitsberufe an der Fachhochschule Gesundheitsberufe OÖ der Landes-Nervenklinik Wagner-Jauregg in Linz durchgeführt. Die elektronischen Zeitschriften der Bibliothek der Fachhochschule für Gesundheitsberufe Oberösterreich wurden zur Erarbeitung der wissenschaftlichen Arbeit herangezogen. Zudem unterstützt die Fachhochschule Bern die Literaturrecherche durch die Freigabe der aktuell betriebenen Forschung und durch weiterführende Informationen. An die literarischen Quellen wurde der Anspruch erhoben, dass diese den derzeitigen Stand der Forschung repräsentieren. Ältere Literaturquellen wurden dann herangezogen, wenn diese eine Allgemeingültigkeit bis zum heutigen Stand vertreten.

Die Recherchemethoden wurden kombiniert aus der systematischen Literaturrecherche, der Schneeballsystematik wie auch der vorwärts gerichteten Literatursuche. Zur Literaturrecherche wurden die Schlüsselwörter Beratung, Beratungskompetenzen, Kompetenzen, Diätologie, Methodik, Didaktik und Hochschuldidaktik verwendet. Für die Konzeption des theoretischen Rahmens wurde Bezug genommen auf die FH-MTD-AUSBILDUNGS–VERORDNUNG (vgl. § 2 Abs. FH-MTD-AV), das Curriculum des BACHELOR-STUDIENGANGES DIÄTOLOGIE (vgl. 2015b, Diätologie/Modulplan/Curriculum/LVA) sowie auf das Bundesgesetz über die Regelung der gehobenen medizinisch-technischen Dienste (MTD-GESETZ 2015 § 2 Abs. 4). Durch die Themeneingrenzung wurde nach Literaturbezügen gesucht, die die Beratungsansätze, Beratungsprozesse und das professionelle Beraten im diätologischen Kontext repräsentieren. Hierbei wurde einschlägige Fachliteratur herangezogen, die eine Verknüpfung mit dem fachspezifischen Bereich der Diätologie aufweist. Aus den literarischen Schriftwerken, Dissertationen und Publikationen wurden die hochschuldidaktischen Empfehlungen für die Konzeption des Beratungskompetenzmodells herausgearbeitet.

1.4 Aufbau und Gliederung

Der Fokus dieser Arbeit richtet sich auf zwei grundlegende Thematiken. Einerseits befasst sich diese Arbeit mit der Konkretisierung der Beratungskompetenzen, die im berufsspezifischen Bereich der Diätologie benötigt werden. Andererseits werden hochschuldidaktische Empfehlungen erarbeitet, die sich auf die Konzeption eines Beratungskompetenzmodells beziehen. Der Aufbau und die Gliederung der Arbeit werden im Zuge dessen vorgestellt.

Das zweite Kapitel beinhaltet den theoretischen Rahmen, beginnend mit der definitorischen Begriffserklärung der therapeutischen und pädagogischen Beratung. Die Operationalisierung der Beratung im therapeutischen und pädagogischen Sinn lässt eine direkte Verbindung zur Beratung im diätologischen Feld zu. Anhand der verschiedenen Erörterungen und Beschreibungen der therapeutischen und pädagogischen Beratung wurde eine Auflistung von Charakteristika konzipiert. Mit diesen Charakteristika wird Bezug genommen auf das professionelle Beraten im fachspezifischen Bereich der Diätologie.

Anschließend werden theoretische Ansätze der Beratung angeführt. Eine Verbindung wird zwischen den theoretischen Beratungsansätzen und der therapeutischen Beratung der Gesundheitsberufe hergestellt. Von den theoretischen Beratungsansätzen werden der personenzentrierte, der kooperative, der lösungsorientierte wie auch der systematische Ansatz beschrieben. Die daraus gewonnenen Erkenntnisse und Übertragungen aus den theoretischen Beratungsansätzen fließen in den klientenzentrierten Beratungsansatz mit ein. In dieser Arbeit wird besonderes Augenmerk auf den klientenzentrierten Beratungsansatz gelegt, da dies die Klientenzentriertheit in der Umsetzung der diätologischen Interventionen repräsentiert.

Im darauffolgenden Kapitel liegt der Fokus auf dem Handlungsschwerpunkt der diätologischen Interventionen. Zu Beginn wird das Berufsbild der Diätologinnen und der Diätologen beschrieben. Eine detailliertere Beschreibung des diätologischen Handelns wird anhand der Abläufe des diätologischen Prozesses erörtert und aufgezeigt. Die Beschreibungen und Darbietungen der diätologischen Handlungen verdeutlichen den Handlungsschwerpunkt in der Tätigkeit von Diätologinnen und Diätologen. Zusammenfassend stellen die diätologischen Interventionen, die Ernährungsberatung, die Ernährungstherapie wie auch die Schulungen den diätologischen Handlungsschwerpunkt dar. Hierfür wurde eine Abgrenzung der Ernährungsberatung von der ernährungsmedizinischen Beratung und der Ernährungstherapie vorgenommen. Dezidiert wurden die Ernährungsberatung, die ernährungsmedizinische Beratung wie auch die Ernährungstherapie konkretisiert. Im Rahmen dieses Kapitels wird das professionelle Beraten aufgegriffen. Dieses beinhaltet die Charakteristika der definierten und erörterten Beratungen. Anschließend wird auf den Beratungsprozess Bezug genommen. Das therapeutische Beraten offeriert eine Varianz an möglichen Beratungsprozessen. Da das Durchführen einer Beratung von Ablaufstufen gekennzeichnet ist, wurde ein Beratungsprozess gewählt, der eine geeignete Übereinstimmung mit den inhaltlichen Abläufen einer Ernährungsberatung bzw. einer ernährungsmedizinischen Beratung aufweist.

Das folgende Kapitel stellt einen wesentlichen Schwerpunkt der Arbeit dar. Die Beratungskompetenzen einer Diätologin bzw. eines Diätologen werden durch eine literarische Erarbeitung erfasst. Auf Grundlage ausgewählter Literaturbezüge wird zunächst der Begriff Kompetenz erörtert und beschrieben. Die übergeordnete Position der Beratungskompetenzen wird aus dem Zusammenschluss von Wissen, Fähigkeiten und Fertigkeiten erarbeitet. Auf Grundlage dieser Vorarbeit werden im Hinblick auf die Beratungskompetenzen das dafür notwendige fachliche Wissen, die Beratungsfähigkeiten und -fertigkeiten dargelegt. Anhand der FH-MTD-Ausbildungsverordnung, des Curriculums des Bachelor-Studienganges Diätologie sowie auf Grundlage von einschlägigen Publikationen und Literaturbezügen werden die Beratungskompetenzen herausgegriffen und beschrieben. Die schriftliche Erarbeitung der Beratungskompetenzen wird unter den Kompetenzfeldern strukturiert dargestellt. Zusammengefasst werden die Kompetenzfelder der Beratungskompetenzen belegt. Die Beratungstechniken und -fertigkeiten, die Grundhaltungen des therapeutischen Beratens wie auch die Fähigkeit zum Aufbau einer Beziehungsebene vervollständigen das umfassende Bild der Beratungskompetenzen im fachspezifischen Bereich der Diätologie. Im Anschluss bieten Abbildungen und Tabellen eine objektive Zusammenfassung der Beratungskompetenzen.

Das dritte Hauptkapitel beinhaltet die Erarbeitung der hochschuldidaktischen Empfehlungen zum Aufbau eines Beratungskompetenzmodells. Die theoretische Grundlage bilden der konstruktivistische Ansatz und die Neurodidaktik in der Erarbeitung der hochschuldidaktischen Empfehlungen. Zu Beginn wird die Zielorientierung in der Hochschullehre im Bezug zu den Kompetenzzielen beschrieben und erarbeitet. Zum Aufbau und zur Entwicklung der fachlich-methodischen Kompetenzen werden die Taxonomie-Stufen herangezogen. Überleitend werden Bedingungen beschrieben, die den Theorie-Praxis-Transfer im Rahmen des Bachelor-Studienganges Diätologie fördern können. Zur Entwicklung,

Erweiterung und Vertiefung der Beratungskompetenzen werden die Lehr-Lern-Formen sowohl der vermittlungsorientierten als auch der handlungsorientierten Didaktik beschrieben, die den Praxisbezug herstellen können. Im Anschluss werden die Praxisdimensionen der konstruierten, simulierten und echten Praxis beschrieben und exemplarisch werden Lehr-Lern-Formen der vermittlungs- und handlungsorientierten der Praxisdimensionen zugeordnet. Das Konzept „Constructive Alignment" und die involvierten Elemente werden dezidiert beschrieben. Im Zuge dessen wird das Konzept „Constructive Alignment" im Rahmen der Entwicklung, Erweiterung und Vertiefung der Beratungskompetenzen im Bachelor-Studiengang Diätologie übertragen. Abschließend werden die hochschuldidaktischen Empfehlungen zusammengefasst, die im dritten Kapitel erarbeitet und begründet wurden. Eine Diskussion und ein Ausblick runden diese Arbeit ab.

2 Theoretischer Rahmen

Der theoretische Rahmen umfasst die grundlegenden Begriffsdefinitionen der Beratung, die Beratungsansätze sowie die Themen der berufsspezifischen Handlungen in der Diätologie. Überleitend werden die Beratungskompetenzen angeführt und beschrieben.

2.1 Definitorische Begriffserklärung der Beratung

Die Beratung verfügt in der Pädagogik und in der Psychologie über eine lange Tradition. Beratung wird von KRÜGER und HELSPER (vgl. 2010, S. 132) als personenbezogene Dienstleistung bezeichnet, die durch die Vermittlung fachlichen Wissens gekennzeichnet ist. Abgeleitet davon ist die Durchführung der ernährungsmedizinischen Beratung eine Dienstleistung, da das Durchführen einer ernährungsmedizinischen Beratung mit der Vermittlung fachlichen Wissens einhergeht. Diesbezüglich werden die definitorischen Begriffserklärungen angeführt, die im Zusammenhang mit der ernährungsmedizinischen Beratung gesehen werden können. Definitorische Beschreibungen des Begriffes Beratung lassen sich in einer Vielzahl an Literaturbezügen finden. Die Begriffsdefinition von DIETRICH (vgl. 1983) wird von vielen Schriftwerken übernommen und weist zum derzeitigen Stand im pädagogischen wie auch therapeutischen Bereich Allgemeingültigkeit auf. Dabei zählt die Definition der Beratung von DIETRICH (vgl. 1983) zu den ältesten Konkretisierungen im pädagogischen Feld:

„Beratung ist in ihrem Kern jene Form einer interventiven und präventiven helfenden Beziehung, in der ein Berater mittels sprachlicher Kommunikation und auf der Grundlage anregender und stützender Methoden innerhalb eines vergleichsweise kurzen Zeitraums versucht, bei einem desorientierten, inadäquat belasteten oder entlasteten Klienten einen kognitiv-emotionale Einsicht fundierten aktiven Lernprozess in Gang zu bringen, in dessen Verlauf eine Selbsthilfebereitschaft, seine Selbststeuerungsfähigkeit und seine Handlungskompetenz verbessert werden kann" (DIETRICH 1983, S. 2).

DIETRICH (vgl. 1983) umschreibt die Beratung als eine Intervention, die durch den Einsatz sozialkommunikativer Methoden und Techniken geleitet ist. Durch die Verwendung der sozialkommunikativen Methoden und Techniken wird die Handlungs- und Problembewältigungsfähigkeit der Klientinnen und Klienten gefördert und unterstützt. Die beschriebenen kommunikativen Methoden und Techniken in der Begriffsdefinition der ernährungsmedizinischen Beratung von PUDEL und WESTENHÖFER (vgl. 2003) fehlen. Zum konkreteren Verständnis wird deshalb auf pädagogisch ausgerichtete Begriffsdefinitionen geschlossen, die wesentliche Charakteristika des therapeutischen Beratens im berufsspezifischen Feld der Diätologie aufweisen. Die Beschreibungen des Begriffes ernährungsmedizinische Beratung werden im Kapitel 2.3.1 vorgenommen. SCHWARZER und POSSE (vgl. 1986.

14

Beratung. Zit. n.: WEIDENMANN 1993) definieren die Beratung hinsichtlich der pädagogischen und psychologischen Ansätze. Dabei fließen weitere Charakteristika, die in die Definition von DIETRICH (vgl. 1983) nicht integriert sind, mit ein:

„Beratung ist eine freiwillige, kurzfristige, oft nur situative, soziale Interaktion zwischen Ratsuchenden (Klienten) und Berater mit dem Ziel, im Beratungsprozeß eine Entscheidungshilfe zur Bewältigung eines vom Klienten vorgegebenen aktuellen Problems durch Vermittlung von Informationen und/oder Einüben von Fertigkeiten gemeinsam zu erarbeiten" (SCHWARZER/POSSE 1986. Beratung. Zit. n.: WEIDENMANN 1993, S. 634).

Hierbei wird die Beratung als Prozess ausgelegt. Die Beratung verfolgt das Ziel, die Klientinnen und Klienten durch Vermittlung des Fachwissens zur Problembewältigung wie auch zur Handlungsorientierung zu führen. Der Beratungsprozess ist eine begrenzte Interaktion zwischen Beraterin bzw. Berater und Klientin bzw. Klient. Da SCHNEBEL (vgl. 2012) die Lösungsorientierung und Problembewältigung direkter einbezieht, wird die Begriffserklärung der Beratung mitangeführt:

„Die Funktion von Beratungsprozessen besteht in diesem Zielverständnis darin, dem Ratsuchenden zu helfen, sein Problem und die möglichen Ursachen besser zu verstehen und durch eine Veränderung oder Erweiterung seiner Perspektive zu adäquaten Lösungsmöglichkeiten zu kommen" (SCHNEBEL 2012, S. 17).

Im Wesentlichen zielt die Beratung auf die Förderung und Erweiterung der Entscheidungs- und Handlungsmöglichkeiten der Klientinnen und Klienten ab (vgl. SCHNEBEL 2012, S. 15). Dabei sollen die Klientinnen und Klienten in die Lage gebracht werden, die Probleme selbst zu lösen, Aufgaben eigenständig umzusetzen sowie die dafür benötigten Ressourcen zu aktivieren (vgl. SCHNEBEL 2012, S. 17). Diese Annahme wird von KRAUSE u.a. (vgl. 2003) unterstützt: „Die Beratung kann immer nur Hilfe zur Selbsthilfe sein und hat das Ziel, sich selbst überflüssig zu machen" (KRAUSE u.a. 2003, S. 24). Somit werden Klientinnen und Klienten durch die ernährungsmedizinische Beratung befähigt, problemlösungsorientiert und eigenverantwortlich zu handeln und zu agieren. Schlussfolgernd ist die Beratung ein kommunikatives Handeln (vgl. KRÜGER/HELSPER 2010, S. 132), die Hilfe zur Selbsthilfe anbietet.

Beraten ist zu einem umfassenden Begriff geworden, der die Interventionen, das Aufklären und das Informieren miteinschließt (vgl. SCHAEFFER 2008, S. 6). Das Informieren dient der Bereitstellung und Weitergabe von Fakten, Daten und Kenntnissen. Das Wissen wird aktualisiert und das Repertoire an Informationen erweitert. Damit das Informieren für Klientinnen und Klienten wirksam bleibt, sollten diese an den bereits vorhandenen Wissensstand anknüpfen. Informationen, die nicht an das Wissensrepertoire anknüpfen, werden als irrelevant eingeschätzt. Die Informationsweitergabe und die Bereitstellung von Wissen sind somit in ihrer Wirksamkeit begrenzt (vgl. SCHAEFFER 2008, S. 7). „Aufklärung gehört zu den traditionellen kommunikativen Interventionsstrategien – vor allem im

Gesundheitswesen" (SCHAEFFER 2008, S. 7). Das Aufklären ist eine Methodik, die einen Perspektivenwechsel des Problemverständnisses sowie eine Verhaltens- und Haltungsveränderung erwirken will. Um dies zu ermöglichen, weist das Aufklären einen starken Bezug zu personenzentrierten Ansätzen auf (vgl. SCHAEFFER 2008, S. 7). Im Anschluss wird die Begriffserklärung angeführt:

„Aufklärung ist eine Interventionsstrategie, die nicht nur auf die Wissens-, sondern auch auf die Handlungs- bzw. Verhaltensebene einzuwirken beansprucht, dazu auf Wissensvermittlung setzt und sich gezielt didaktischer und zielgruppenorientierter Strategien der Wissensaufbereitung bedient" (SCHAEFFER 2008, S. 7).

Diätologinnen bzw. Diätologen führen darüber hinaus Aufklärungs- und Informationsgespräche, welche zum diätologischen Handeln dazu gehören (vgl. § 2 Abs. 4 FH-MTD-AV). Gemäß dem gesetzlichen Rahmen zählen das Beraten, das Aufklären und das Informieren zum kommunikativen Handeln im fachspezifischen Gebiet der Diätologie. Diesbezüglich wurden die Begriffe Beraten, Aufklären und Informieren beschrieben und definiert. Zusammenfassend wurden von DIETRICH (vgl. 1983), SCHNEBEL (vgl. 2012) wie auch von SCHWARZER und POSSE (vgl. 1986) insgesamt drei unterschiedliche definitorische Erläuterungen des Begriffes Beratung angeführt. In der näheren Betrachtung der definitorischen Erläuterungen werden die wesentlichen Charakteristika im Sinne der ernährungsmedizinischen Beratung dargestellt. Anhand dessen können die aufgelisteten Charakteristika in Bezug auf die ernährungsmedizinische Beratung wie auch die Ernährungsberatung aufgezählt werden:

- Die Beratung beruht auf Freiwilligkeit.
- Die Beratung erfolgt prozessgeleitet und ist zeitlich begrenzt.
- Die Beratung verfolgt das Ziel, die Handlungsfähigkeit, die Selbstständigkeit und die Entscheidungsfähigkeit der Klientinnen und Klienten zu fördern.
- In der Beratung werden kommunikative Methoden und Techniken eingesetzt.
- Die kommunikative Interaktion in der Beratung veranlasst kognitive Lernprozesse und geht mit einer Wissensvermittlung einher.
- Die Beratung verfolgt das Ziel, Hilfe zur Selbsthilfe anzubieten.
- Die Beratung führt zur Lösungsorientierung und Problembewältigung.

Diese Aufzählung an Beratungscharakteristika spiegelt sich in der ernährungsmedizinischen Beratung wider und repräsentiert Aspekte der professionellen Beratung von CULLEY (vgl. 2013). Der Beratungsprozess wie auch die definitorische Begriffserklärung der ernährungsmedizinischen Beratung werden im Kapitel 2.3 genauer dargelegt.

2.2 Theoretische Ansätze der Beratung

Beraten wird als theoriegeleitetes Handeln verstanden. Klientinnen und Klienten wie auch Beraterinnen und Berater tragen in der Beratung gleichermaßen zur zwischenmenschlichen Interaktion und zum Beratungsinhalt bei. Neben dem personenzentrierten Ansatz nennen DIVIANI u.a. (vgl. 2012, S. 13) auch den systemischen Ansatz. Dies wird als eines der wichtigsten Beratungskonzepte in Gesundheitsberufen dargestellt. Hinsichtlich dessen zeigen die Erläuterungen des personenzentrierten Beratungsansatzes ein detaillierteres Verständnis in der klientenzentrierten Beratung. Der lösungsorientierte Ansatz wie auch die Ressourcenaktivierung in Beratungssituationen fließen in den systemischen Ansatz mit ein und werden diesbezüglich mitunter angeführt. Da DIVIANI u.a. (vgl. 2012) die folgenden Beratungsansätze im Rahmen des Berner Modells für professionelle Kommunikation in Gesundheitsberufen in einer didaktischen Konzeption ausgearbeitet haben, werden diese in den Kontext der Diätologie mit eingebunden.

2.2.1 Personenzentrierter Ansatz

Der personenzentrierte Ansatz kann in einem Bezug zu den humanistisch-psychologischen Beratungsansätzen gesehen werden (vgl. KRAUSE u.a. 2003, S. 104). Dieser Ansatz wurde in den 50er Jahren von ROGER (vgl. 2012) in den USA entwickelt. Durch Psychologen und Psychologinnen verbreitete sich der personenzentrierte Ansatz in Deutschland und gewann dadurch an Bekanntheit (vgl. WEINBERGER/LINDNER 2011, S. 11). Im Wesentlichen geht die Theorie davon aus, dass sich jeder Mensch aus eigener Kraft entfalten und erhalten kann. Dabei konzentriert sich dieser Ansatz auf das individuelle Potenzial, sich entwickeln zu können (vgl. WEINBERGER/LINDNER 2011, S. 14 f.). KRAUSE u.a. (vgl. 2003) beschreiben im Kontext der humanistisch orientierten Beratung die entscheidenden Erfolgskriterien:

„Vielmehr geht es um die Erhöhung der Bewusstheit der Klientin, der Kreativität und Nutzung ihrer Potenziale und Ressourcen sowie um das Erkennen von Handlungsalternativen für Problemsituationen" (KRAUSE u.a. 2003, S. 116).

Grundlegende Elemente werden dem personenzentrierten Beratungsansatz zugeschrieben. Darunter sind die Kongruenz, die unbedingte Wertschätzung wie auch das empathische Verstehen zusammenzufassen (vgl. WEINBERGER/LINDNER 2011, S. 50). Die Kongruenz, die auch als Authentizität erläutert wird, wurde von ROGER (vgl. 2012, S. 213) als die Übereinstimmung mit sich selbst umschrieben. Die Therapeutin bzw. der Therapeut ist dann authentisch, wenn die Eindrücke, Gefühle und Wahrnehmungen, die in der persönlichen Begegnung mit der Klientin bzw. dem Klienten entstehen, bewusst wahrgenommen werden und auch angemessen kommuniziert werden können. ROGER (vgl. 2012, S. 213) erklärt die Authentizität mit folgender Umschreibung:

„Andererseits kennt jeder von uns Menschen, denen wir irgendwie vertrauen, weil wir spüren, daß sie stets gerade so sind, wie sie sind, und wir daher mit der Person selbst und nicht mit einer höflichen oder beruflichen Fassade zu tun haben" (ROGER 2012, S. 213).

Daraus ableitend beschreibt Authentizität das bewusste Wahrnehmen der Gefühle und der Erfahrungen wie auch das angemessene Kommunizieren des Erlebten im Kontakt mit Menschen. Die Klientinnen und Klienten zu akzeptieren und anzuerkennen wird von WEINBERGER und LINDNER (vgl. 2011, S. 50) und ROGER (vgl. 2012, S. 218) gleichermaßen als unbedingte Wertschätzung ausgelegt. Die Wertschätzung zielt auf eine Offenheit im Umgang mit den Eindrücken und Gefühlen, die im Gespräch entstehen können. Das empathische Verstehen wird in literarischen Werken auch als einfühlendes Verstehen erörtert. Auch ROGER (vgl. 2012, S. 216) versteht Empathie in diesem Sinne. Therapeutinnen und Therapeuten konstruieren ein einfühlendes Verstehen der persönlichen Situation der Klientinnen und Klienten durch das Mitteilen des Verstandenen.

2.2.2 Kooperativer Ansatz

Der kooperative Beratungsansatz besteht aus den grundlegenden Merkmalen der personenzentrierten Gesprächsführung und den kooperativen Beratungsschritten zur Problemlösungsfindung (vgl. MUTZECK 2008, S. 81). Für den kooperativen Beratungsansatz formuliert MUTZECK (vgl. 2008, S. 66) grundlegende Aspekte hinsichtlich der Konzeption: Die Symmetrie, die Akzeptanz, die Selbstexploration, das dialogische Verstehen und das gegenseitige Vertrauen sind Aspekte der kooperativen Beratung. Ein symmetrisches Verhältnis zwischen Beraterin bzw. Berater und Klientin bzw. Klient im Sinne einer gegenseitigen Wertschätzung und Achtung sollte angestrebt werden. „Der Patient ist Klient und im Beratungsgespräch dem Berater gleichwertig" (LÜCKERATH/MÜLLER 2014, S. 54). Diese Aussage beweist die gegebene Symmetrie zwischen der Diätologin bzw. dem Diätologen und der Klientin bzw. dem Klienten im Beratungsgespräch. Ein weiterer Aspekt wird als Selbstexploration bezeichnet, womit die Verbalisationsfähigkeit und Kommunikationsfähigkeit gemeint sind (vgl. MUTZECK 2008, S. 66). Der kooperative Ansatz vervollständigt den personenzentrierten Ansatz, der als klientenzentrierte Beratung im diätologischen Handeln beschrieben wird.

2.2.3 Lösungsorientierter Ansatz

Der lösungsorientierte Ansatz bezieht sich stark auf die Lösungsfindung, die Zielorientierung wie auch auf die Ressourcenaktivierung. KRAUSE u.a. (vgl. 2003, S. 135) erklären diesbezüglich, dass dieser Beratungsansatz sich aus den humanistischen, systemischen und den konstruktivistischen Grundtheorien entwickelt habe. Im Vergleich zur Auslegung von BERKLING (vgl. 2010, S. 16) wird die Entstehung des lösungsorientierten Ansatzes auf das psychotherapeutische Umfeld bezogen. Im Umgang mit Krisensituationen und Problemstellungen kann die lösungsorientierte Beratung nützlich sein, wenn rasches Handeln erforderlich ist (vgl. DIVIANI u.a. 2012, S. 21):

„Diese Art der Beratung ist wirkungsorientiert, denn eine Problemlösung wird am schnellsten erreicht, wenn man sich von Anfang an auf mögliche Lösungen und nicht auf die Probleme konzentriert" (DIVIANI u.a. 2012, S. 21).

Der lösungsorientierte Ansatz repräsentiert einen Teilaspekt der systemischen Beratung. Jedoch fokussiert sich die systemisch orientierte Beratung nicht direkt auf die Lösungsfindung, sondern beschäftigt sich mit dem System, in dem sich die Klientinnen und Klienten bewegen.

2.2.4 Systemischer Ansatz

Die systemische Beratung beruht auf dem Konstruktivismus, der Wirklichkeitstheorie. BORNEMANN (vgl. 2014, S. 44) beschreibt das System als ein Konstrukt aus verschiedenen Teilchen, die in Verbindung miteinander wie auch in gegenseitigem Einfluss stehen. Das System grenzt sich dabei von der gegebenen Umwelt ab. Das folgende Zitat von KRAUSE u.a. (vgl. 2003) wird zur Beschreibung des systemischen Arbeitens herangezogen:

„Systemisch arbeitende Therapeuten und Therapeutinnen wollen herausfinden, wie Menschen gemeinsam die Wirklichkeit erzeugen, welche Regeln bzw. Prämissen (Überzeugungen) ihrem Verhalten und Erleben zugrunde liegen und welche Möglichkeiten zur Veränderung vorhanden sind" (KRAUSE u.a. 2003, S. 127).

Die Merkmale eines systemorientierten Beratungsgesprächs sind die Erweiterung der Umsetzungsmöglichkeiten, die Zirkularität, das Bilden von Hypothesen, die Lösungsorientierung, die Ressourcenaktivierung wie auch die Klientenzentrierung (vgl. BORNEMANN 2014, S. 45 ff.).

2.2.5 Beratungsansätze als Grundlage für die Beratung

Die beschriebenen Beratungsansätze werden in verschiedenen Publikationen und Dissertationen verwendet, um die Verbindung der pädagogischen und psychotherapeutischen Beratungsansätze im Sinne der therapeutischen Beratung in Gesundheitsberufen herzustellen. Das wird deutlich in der curricularen Beschreibung: „Die Absolventin/der Absolvent kann pädagogische Erkenntnisse in der Praxis der ernährungsmedizinischen Beratung anwenden" (FH GESUNDHEITSBERUFE OÖ GMBH 2015b, Diätologie/Modulplan/Curriculum/LVA). Der personenzentrierte Ansatz, der kooperative Ansatz, der lösungsorientierte Ansatz und der systemische Ansatz sind Beratungsansätze, die in ernährungsmedizinischen Beratungen eingesetzt werden. In der Beschreibung des Berner Modells für professionelle Kommunikation in Gesundheitsberufen wurde darüber hinaus auch der kognitiv-behavioristische Ansatz berücksichtigt (vgl. DIVIANI u.a. 2012, S. 15). Im Vergleich dazu haben MISSONI (vgl. 2013), LÜCKERATH und MÜLLER (vgl. 2014) den kognitiv-behavioristischen Ansatz in Bezug auf die Verhaltenstherapie nicht angeführt. Die Zusammenstellung der Beratungsansätze im berufsspezifischen Bereich der Diätologie wird demnach divergent berücksichtigt. Deshalb wurden in dieser Arbeit ausschließlich Beratungsansätze beschrieben, die in den einschlägigen Literaturbezügen mehrmals zu finden sind und den Bezug zum therapeutischen Arbeiten belegen können. DIVIANI u.a. (vgl. 2012) und BORNEMANN (vgl. 2014) ziehen die Erkenntnisse aus der Psychologieforschung für das Beratungsverständnis und die Beratungstätigkeit heran, da dasselbe Interventionsziel vorliegt. Im Wesentlichen geht es darum, den Klientinnen und Klienten Unterstützung zur Verhaltensänderung zu bieten. Hervorzuheben sind die erörterten Grundelemente Kongruenz, unbedingte Wertschätzung und empathisches Verstehen. Diese werden hinsichtlich des personenzentrierten Ansatzes ROGER (vgl. 2012), WEINBERGER und LINDER (vgl. 2011) zugeschrieben. Diese Bedingungen und Voraussetzungen werden in der wissenschaftlichen Arbeit Klinisches Reasoning[1] im Kontext und als Bestandteil der ernährungsmedizinischen Beratung als integrativer Aspekt des diätologischen Prozesses von MISSONI (vgl. 2013) mitberücksichtigt, da diese wichtigen Grundvoraussetzungen auch in die ernährungsmedizinische Beratung integriert sind. Des Weiteren erklärt KUGLER (vgl. 2012, S. 171) die Beziehung zwischen Beraterin bzw. Berater und Klientin bzw. Klient als Grundvoraussetzung für eine Einstellungs- und Verhaltensmodifikation im Beratungsgespräch. Die Methoden und Techniken werden in der Beratung angewendet, um das übergeordnete Interventionsziel zu erreichen. Hierbei handelt es sich um den sinnvollen und zielführenden Einsatz der Methoden und Techniken, die insbesondere im den Tätigkeitsbereich der verschiedenen Gesundheitsberufe im

---

[1] Klinisches Reasoning beinhaltet die Denk-, die Handlungs- und die Entscheidungsprozesse der Therapeutinnen und Therapeuten während der Behandlung und Betreuung der Patientinnen und Patienten.

Rahmen der Beratung Anwendung finden. Davon abgeleitet wird im nächsten Kapitel über die berufsspezifischen Handlungen des Gesundheitsberufes der Diätologin bzw. des Diätologen gesprochen, was den zentralen Kern die Beratung miteinschließt.

2.3 Berufsspezifische Handlungen

Diätologinnen und Diätologen haben die gesetzliche Befugnis, kranke, krankheitsverdächtige Personen wie auch gesunde Personen ernährungstherapeutisch zu betreuen und zu behandeln. Dies wird im Gesetz der gehobenen medizinisch-technischen Dienste in Bezug auf das Berufsbild der Diätologin und des Diätologen bestätigt. Im Bundesgesetz über die Regelung der gehobenen medizinisch-technischen Dienste (MTD-GESETZ § 2 Abs. 4) ist das Berufsbild der Diätologinnen und Diätologen wie folgt verankert:

„Der Diätdienst und ernährungsmedizinische Beratungsdienst umfasst die eigenverant-wortliche Auswahl, Zusammenstellung und Berechnung sowie die Anleitung und Überwa-chung der Zubereitung besonderer Kostformen zur Ernährung Kranker und krankheitsver-dächtiger Personen nach ärztlicher Anordnung einschließlich Beratung der Kranken oder ihrer Angehörigen über die praktische Durchführung ärztlicher Diätverordnungen innerhalb und außerhalb einer Krankenanstalt, ohne ärztliche Anordnung die Auswahl, Zusammen-stellung und Berechnung der Kost für gesunde Personen und Personengruppen oder Personen und Personengruppen unter besonderen Belastungen (z.B. Schwangerschaft, Sport) einschließlich der Beratung dieser Personenkreise über Ernährung" (MTD-GESETZ § 2 Abs. 4).

Das fachliche und methodische Handeln von Diätologinnen und Diätologen wird durch den diätologischen Prozess festgelegt (vgl. VERBAND DER DIAETOLOGEN ÖSTERREICHS 2015, Diaetologie/Diaetologischer Prozess). Das schließt die eigenverantwortliche Planung und Durchführung der ernährungsmedizinischen Beratungs- und Therapiepro-zesse mit ein. In den Publikationen von HIGGS (vgl. 2008) wird dies als „Clinical Reason-ing" im englischsprachigen Raum bezeichnet. Als „Klinisches Reasoning" werden kontext-gebundene Denk-, Entscheidungsprozesse verstanden, die im therapeutischen Arbeiten zur praktischen Handlung führen (vgl. HIGGS 2008, S. 4). In der folgenden Abbildung werden die Schritte des diätologischen Prozesses dargestellt, die das diätologische Handeln widerspiegeln:

```
┌─────────────────────────────────────┐
│         Ärztliche Anordnung          │
└─────────────────────────────────────┘
                  ⬇
┌─────────────────────────────────────┐
│         Durchführung der             │
│      Ernährungsanamnese und          │
│    Erhebung des Ernährungsstatus     │
└─────────────────────────────────────┘
                  ⬇
┌─────────────────────────────────────┐
│    Durchführung der diätologischen   │
│       Befundung und Beurteilung      │
└─────────────────────────────────────┘
                  ⬇
┌─────────────────────────────────────┐
│    Festlegung der Behandlungsziele   │
│      und Behandlungsmaßnahmen         │
└─────────────────────────────────────┘
                  ⬇
┌─────────────────────────────────────┐
│       Planung und Umsetzung der      │
│     Ernährungstherapie, inklusive der│
│   ernährungsmedizinischen Beratung   │
│             und Schulung             │
└─────────────────────────────────────┘
                  ⬇
┌─────────────────────────────────────┐
│      Qualitätssicherung durch        │
│    Dokumentation, Evaluation und     │
│             Reflexion                │
└─────────────────────────────────────┘
```

Abbildung 1: Der diätologische Prozess (Quelle: eigene Darstellung in Anlehnung an den VERBAND DER DIAETOLOGEN ÖSTERREICHS 2015, Diaetologie/Diaetologischer Prozess).

Die Ernährungstherapie, die ernährungsmedizinische Beratung und die Schulungen sind im diätologischen Prozess als diätologische Interventionen dargestellt. Die Vorbereitungsschritte wie auch die Nachbereitungsschritte beziehen sich auf diese diätologischen Interventionen, weil diese den Handlungsschwerpunkt einer Diätologin bzw. eines Diätologen bilden. Dies wird von der FACHHOCHSCHULE ST. PÖLTEN UNIVERSITY OF APPLIED SCIENCES (vgl. 2015a, Diätologie/Studieninhalte) im Rahmen des Bachelor-Studienganges Diätologie als Tätigkeitsabfolge der ernährungsmedizinischen Therapie im diätologischen Prozess präsentiert. Die Abbildung 1 zum diätologischen Prozess wurde auf Grundlage der Publikation von HOFBAUER u.a. (vgl. 2011, S. 18) und die veröffentlichten Inhalte über den diätologischen Prozess wurden gemäß dem VERBAND DER DIAETOLOGEN ÖSTERREICHS (vgl. 2015, Diaetologie/Diaetologischer Prozess) zusammengestellt, weil die zugänglichen Abbildungen zum diätologischen Prozess nicht adäquat beschriftet waren. Vor allem wurden in der öffentlich zugänglichen Darbietung des diätologischen Prozesses des VERBANDES DER DIAETOLOGEN ÖSTERREICHS (vgl. 2015, Diaetologie/Diaetologischer Prozess) die diätologische Intervention Diätberatung erwähnt, obwohl in der Beschreibung des diätologischen Prozesses von ernährungsmedizinischer

Beratung die Rede ist. Des Weiteren spiegelt sich die Abfolge des diätologischen Prozesses in der konzipierten Darstellung mit den Erörterungen des diätologischen Prozesses des VERBANDES DER DIAETOLOGEN ÖSTERREICHS (vgl. 2015, Diaetologie/Diaetologischer Prozess) und der Publikation von HOFBAUER u.a. (vgl. 2011) wider. In weiterer Folge werden die einzelnen Ablaufschritte des diätologischen Prozesses genauer beschrieben, um das diätologische Handeln aufzuzeigen. Dadurch können die Vorbereitungs- und Nachbereitungsschritte der diätologischen Interventionen, die Ernährungstherapie, die ernährungsmedizinische Beratung und Schulung aufgezeigt werden.

Die Anordnungsverantwortung obliegt der Ärztin bzw. dem Arzt. Die Diätologinnen und Diätologen erfassen zunächst das gesundheitliche Problem der Klientinnen und Klienten anhand bereits vorhandener Indikationen und Befunde. Auf Grundlage dessen werden die ernährungsmedizinisch relevanten Informationen erkannt und die fehlenden relevanten Fakten durch Rücksprache mit der Ärztin bzw. dem Arzt eingeholt (vgl. HOFBAUER u.a. 2011, S. 19). Im Anschluss werden in der allgemeinen Anamnese die anthropometrischen Messungen[2] unter Berücksichtigung der Untersuchungsergebnisse und Laborbefunde erhoben. Die Ernährungsanamnese erfasst Daten zu Ess- und Trinkgewohnheiten, Verzehrmengen, Vorlieben, Abneigungen sowie Probleme bei der Nahrungsaufnahme. Die Ermittlung des Ernährungszustandes kann anhand Ernährungsscreenings und verschiedener Ernährungserhebungsmethoden durchgeführt werden (vgl. LÜCKERATH/MÜLLER 2014, S. 66 f.). Die diätologische Befundung und Beurteilung resultieren aus der Berücksichtigung der medizinischen und ernährungsphysiologischen Kenntnisse und zeigen den derzeitigen Ernährungszustand der Klientin bzw. des Klienten auf. Die Konzeption der ernährungsmedizinischen Therapie beinhaltet die Berechnung der Energie-, Nährstoff- und Flüssigkeitszufuhr auf Grundlage der ausgewerteten Ernährungserhebungsmethoden. Hierbei werden Adaptionsmaßnahmen abgeleitet, um den Soll-Zustand zu erreichen. Die festgelegten Interventionen richten sich auf das Behandlungsziel und die Behandlungsmaßnahmen (vgl. HOFBAUER u.a. 2011, S. 19). Die Therapieziele sollten mit den Klientinnen und Klienten gemeinsam gestaltet werden, damit die Motivation gefördert und die Kooperation gesteigert werden kann. Laborbefunde, anthropometrische Daten, das subjektive Empfinden der Klientinnen und Klienten, die Lebensqualität wie auch die Umsetzung der Ernährungsinterventionen können für das Therapieziel miteinbezogen werden (vgl. LÜCKERATH/MÜLLER 2014, S. 71).

---

[2] Die anthropometrischen Methoden dienen dazu, die Körpergröße, das Körpergewicht, die Gewichts-Größen-Indizes und die Körperzusammensetzung zu erfassen (vgl. HAHN/STRÖHLE/ WOLTERS 2006, S. 265).

Die ernährungsmedizinische Beratung und Therapie umfassen die Erstellung, die Planung und die Umsetzung individueller Ernährungspläne unter Berücksichtigung der sozioökonomischen, familiären und beruflichen Bedingungen der Klientinnen und Klienten. Die Bewältigung der interdisziplinären komplexen Aufgabenstellung setzt eine Vertrauensbasis mit den Klientinnen und Klienten voraus. Jede längerfristige Führung und Betreuung der Klientinnen und Klienten im Rahmen eines ernährungsmedizinischen Beratungs- und Therapiekonzeptes erfordert ein Abschlussgespräch. Hierbei werden die angestrebten Therapieziele mit den erreichten Ergebnissen verglichen. Auch weiterführende Ziele können für die künftigen Behandlungsschritte im Rahmen des Abschlussgespräches definiert werden. Um die Motivation der Klientinnen und Klienten zu stärken, werden rückblickend die Erfolge und Misserfolge diskutiert und besprochen. Das Abschlussgespräch ermöglicht es, offene Fragen zu klären, Ressourcen zu mobilisieren und die weiterführende Betreuung sicherzustellen (vgl. HOFBAUER u.a. 2011, S. 18 f.).

Die Dokumentation, Evaluation sowie Reflexion sind wesentliche Grundpfeiler in der Qualitätssicherung. Die Therapieschritte, die Inhalte und die Ziele der ernährungsmedizinischen Therapie können in der Dokumentation festgehalten werden. Dies dient auch der schriftlichen Erfassung des diätologischen Handelns. Die Evaluation zeigt sich durch diätologische Überlegungen, welche Therapiemaßnahme hinsichtlich der Laborbefunde, der Lebensqualität und der anthropometrischen Daten Wirkung zeigt. Durch die Evaluierung können die Ausgangslage und der Endzustand verglichen werden. Unter Reflexion werden die Eigenreflexion und die Reflexion der interdisziplinären Zusammenarbeit zusammengefasst. Die fachlich-methodischen Kompetenzen, die Selbstkompetenzen, die sozialkommunikativen Kompetenzen und die wissenschaftlichen Kompetenzen können aufgrund der Eigenreflexion und Evaluation weiterentwickelt und vertieft werden. Die beschriebene Qualitätssicherung lässt sich durch das bewusste Analysieren und Auswerten der ernährungstherapeutischen Handlungen gewährleisten. Das breitgefächerte Wissen in der Ernährungsmedizin und der Diätetik sollte am Puls der Zeit orientiert bleiben, indem regelmäßig an Fort- und Weiterbildungen teilgenommen wird (vgl. VERBAND DER DIAETOLOGEN ÖSTERREICHS 2015, Diaetologie/Diaetologischer Prozess).

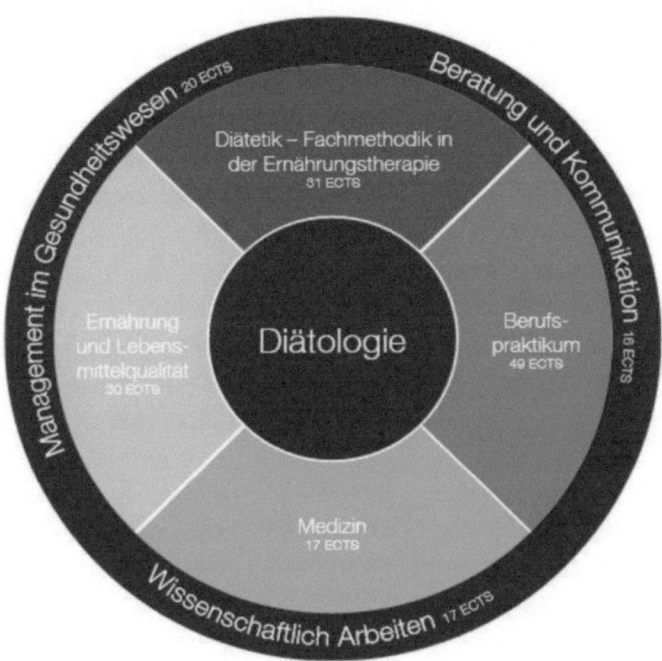

Abbildung 2: Die Studieninhalte der Diätologie (FACHHOCHSCHULE ST. PÖLTEN UNIVERSITY OF APPLIED SCIENCES 2015a, Diätologie/Studieninhalte).

Die beruflichen Handlungskompetenzen, die die Absolventinnen und Absolventen im Rahmen des Bachelor-Studienganges Diätologie zu erwerben haben, zeigt sich im Berufsbild. Die Abbildung 2 verdeutlicht diesbezüglich die Studieninhalte des Bachelor-Studienganges Diätologie (vgl. FACHHOCHSCHULE ST. PÖLTEN UNIVERSITY OF APPLIED SCIENCES 2015a, Diätologie/Studieninhalte), die mit dem gesetzlichen Kompetenzerwerb der FH-MTD-Ausbildungsverordnung (vgl. § 2 Abs. FH-MTD-AV) übereinstimmen. Dazu zählen die fachlich-methodischen Kompetenzen, die sozialkommunikative Kompetenzen, die Selbstkompetenzen wie auch die wissenschaftliche Kompetenz (vgl. § 2 Abs. FH-MTD-AV). Die Module Diätetik – Fachmethodik in der Ernährungstherapie und Kommunikation und Beratung decken mit dem Berufspraktikum die grundlegenden Kompetenzbereiche ab (vgl. FACHHOCHSCHULE ST. PÖLTEN UNIVERSITY OF APPLIED SCIENCES 2015a, Diätologie/Studieninhalte). Die Ernährungstherapie repräsentiert die Kerntätigkeit im Beruf der Diätologin bzw. des Diätologen. Dadurch sind die Erweiterung, Entwicklung und Vertiefung der Beratungskompetenzen fundamental für das berufliche Handeln.

2.3.1 Beratung als ein diätologischer Handlungsschwerpunkt

Die Ernährungsberatung wie auch die ernährungsmedizinische Beratung sind der Handlungsschwerpunkt in der Diätologie. Dementsprechend steht das Thema der Beratung der Klientinnen und Klienten im Zentrum des Bachelor-Studienganges Diätologie (vgl. LÜCKERATH/MÜLLER 2014, S. 52). Dies wird von DIVIANI u.a. (vgl. 2012) durch folgende Aussage bestätigt: „In der Profession Ernährung und Diätetik ist die Beratung das zentrale Element" (DIVIANI u.a. 2012, S. 10). Hierbei beziehen sich DIVIANI u.a. (vgl. 2012, S. 10) auf den in der Schweiz etablierten Gesundheitsberuf der Ernährungsberaterin bzw. des Ernährungsberaters. Im Gegenzug repräsentiert der Gesundheitsberuf der Diätologin und des Diätologen die Fachtermini der Ernährung und Diätetik in Österreich. Daraus resultierend ergibt sich die Beratung als die Kerntätigkeit in der Profession der Ernährung und Diätetik. Die Bedeutung und Erläuterung des Begriffes Diätetik gelten nach VALENTINI u.a. (vgl. 2013, S. 99 f.) als ein Zusammenschluss der Ernährungsanamnese, Ernährungsberatung mit oder ohne eine Ernährungsintervention zur Modifikation der Ernährungsweise. Die Diätetik verfolgt das Ziel einer individualisierten Diätberatung und/oder einer Ernährungsintervention. Somit ist die Diätetik ein übergreifender Begriff in der Diätologie, welcher die Ernährungsberatung, die Diätberatung bzw. die Ernährungsinterventionen integriert. In der Abbildung 3 werden die Aspekte der Diät- und Ernährungsberatung aufgezeigt. Im Kontext der Individualberatung wird in gesunde und kranke Personen unterschieden.

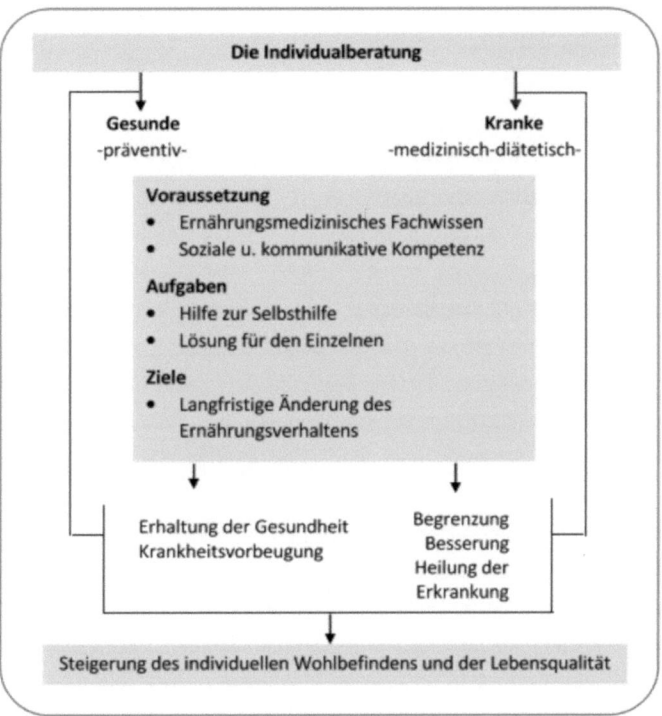

Abbildung 3: Die Individualberatung (LÜCKERATH/MÜLLER 2014, S. 57).

Anschließend wird die Abgrenzung zwischen Ernährungsberatung und Diätberatung vorgenommen.

„Ernährungsberatung kann insbesondere als prophylaktische Maßnahme gesehen werden, während mit Diätberatung in der Regel eine therapeutische Maßnahme gemeint ist" (LÜCKERATH/MÜLLER 2014, S. 56).

Des Weiteren erklären LÜCKERATH und MÜLLER (vgl. 2014, S. 56), dass das primäre Ziel der Ernährungsberatung in der Erhaltung der Gesundheit und in der Vorbeugung ernährungsbedingter Krankheiten liegt. Allerdings ist der Begriff Ernährungsberatung gesetzlich nicht geschützt. In Anlehnung an die gesetzlichen Bestimmungen (MTD-GESETZ § 2 Abs. 4) dürfen ausschließlich Diätologinnen und Diätologen ernährungsmedizinische Beratung und Ernährungstherapien durchführen. Aufgrund der Patientensicherheit wurde dies gesetzlich so bestimmt. LÜCKERATH und MÜLLER (vgl. 2014) formulieren diesbezüglich die Zielsetzungen der Diätberatung: „Die Ziele der Diätberatung liegen in der Begrenzung, Besserung und Heilung von bereits bestehenden ernährungsabhängigen Erkrankungen" (LÜCKERATH/MÜLLER 2014, S. 56).

Der Begriff Diätberatung wird von LÜCKERATH und MÜLLER (vgl. 2014, S. 54) als eine ernährungsmedizinisch-diätetische Maßnahme bezeichnet. VALENTINI u.a. (vgl. 2013, S. 106) definieren den Begriff Diätberatung als einen Teil der Ernährungsintervention, obwohl in der Fachterminologie der Diätologie nicht von der Diätberatung, sondern von der ernährungsmedizinischen Beratung und Ernährungstherapie gesprochen wird. Deshalb wird auf den VERBAND DER DIAETOLOGEN ÖSTERREICHS (vgl. 2015, Diaetologie/Diaetologischer Prozess) Bezug genommen, der die ernährungsmedizinische Beratung und die Ernährungstherapie als diätologische Interventionen veröffentlicht. Daraus ableitend werden die Ernährungstherapie und ernährungsmedizinische Beratung unterschieden und näher konkretisiert. Da die Begrifflichkeiten immer wieder vorkommen, bedürfen diese einer deutlichen Unterscheidung. Unter einer ernährungsmedizinischen Beratung wird eine individuelle Dienstleistung in Bezug auf die Vermittlung von Informationen, Weitergabe von Empfehlungen und Durchführung der Schulungen verstanden. Dabei zielt diese Dienstleistung auf die nachhaltige Optimierung der Ernährungsmodifikation ab. Die ernährungsmedizinische Beratung kann Teil der Ernährungsintervention sein (vgl. VALENTINI u.a. 2013, S. 106). Eine Ernährungstherapie ist eine Ernährungsintervention mit einer nachvollziehbaren Therapieausrichtung (vgl. VALENTINI u.a. 2013, S. 106). Somit ist die ernährungsmedizinische Beratung ein Teilbereich der Ernährungsintervention. „Die Ernährungsintervention ist eine individualisierte, definierte und gezielte Ernährungsmaßnahme" (VALENTINI u.a. 2013, S. 105).

Die Abgrenzung einer Ernährungstherapie von der ernährungsmedizinischen Beratung wird anhand der folgenden Komponenten vorgenommen (vgl. VALENTINI u.a. 2013, S. 106):

- Medizinische Anamnese

- Ernährungsanamnese

- Schriftlicher Ernährungsplan

- Notwendigkeit einer Veränderung des Ernährungsplans

- Dokumentation

- Evaluation.

Werden diese Komponenten erfüllt und liegt eine therapeutische Vorgehensweise vor, wird diese Ernährungsintervention als Ernährungstherapie bezeichnet. Ausschließlich Diätologinnen und Diätologen dürfen solche Ernährungsinterventionen im Rahmen der ernährungsmedizinischen Beratung und Ernährungstherapie durchführen.

Infolge dessen wird die Begriffsdefinition der ernährungsmedizinischen Beratung von PUDEL und WESTENHÖFER (vgl. 2003) übernommen, da die definitorische Auslegung sich auf die personenzentrierten, systemischen und lösungsorientierten Ansätze bezieht. Eine ernährungsmedizinische Beratung ist eine interaktive Kommunikation zwischen Diätologin bzw. Diätologe und Klientin bzw. Klient, welcher als Voraussetzung ein nicht lösbares Verhaltens- und Einstellungsproblem zugrunde liegt. Als Methodik dient eine klientenzentrierte Erarbeitung der individuellen Ernährungsprobleme im Gespräch mit spezifischen Hilfsmitteln wie zum Beispiel Ernährungserhebungen. Als Ziel gilt die Lösung des Ernährungsproblems unter Berücksichtigung der Klientin bzw. des Klienten in der Grundgesamtheit. Dies inkludiert die individuelle Persönlichkeit wie auch die Lebenssituation der Klientinnen und Klienten (vgl. PUDEL/WESTENHÖFER 2003, S. 253 ff.). Dabei bieten Diätologinnen und Diätologen Hilfe zur Selbsthilfe an. Dies wurde im Kapitel 2.1 in der Konkretisierung des Begriffes Beratung deutlich, dass die Beratung ein Angebot der Hilfe zur Selbsthilfe darstellt. Somit bilden die Ernährungsberatung wie auch die ernährungsmedizinische Beratung ein Angebot der Hilfe zur Selbsthilfe. Das Beratungsgespräch sollte ganz im Sinne der auxiliären Gesprächsführung ausgerichtet sein. „Unter auxiliäre Gesprächsführung verstehen wir die Methode, Dialoge so zu gestalten, dass sie andere bei der Selbstfindung und Konfliktlösung unterstützen" (KELLER/THIELE 2004, S. 102). Dabei bedeutet nach KELLER und THIELE (vgl. 2004, S. 102) die Kunst des Beratens, das Beratungsgespräch durch zielführende Fragestellungen, aktives und teilnehmendes Zuhören zu führen. Die angewandten Gesprächsfertigkeiten können Klientinnen und Klienten eine neue Perspektive aufzeigen durch das gewachsene Selbstverständnis, die verstärkte Selbstfindung und die Neuorientierung. Die beschriebenen Fragetechniken und Beratungsfertigkeiten der auxiliären Gesprächsführung werden im Rahmen der Beratungskompetenzen erörtert. Neben der ernährungsmedizinischen Beratung führen Diätologinnen und Diätologen Beratungen und Schulungen zur Gesundheitsförderung und Prävention durch. Des Weiteren zählt das Führen von Aufklärungs- und Informationsgesprächen zum diätologischen Handeln (vgl. § 2 Abs. 4 FH-MTD-AV).

2.3.2 Professionelles Beraten

Um eine professionelle Beratung von den beraterähnlichen Tätigkeiten im beruflichen wie auch privaten Bereich abzugrenzen, ordnet HAUSER (vgl. 2012, S. 23 f.) der professionellen Beratung bestimmte Voraussetzungen zu. Diese stimmen insbesondere mit dem beschriebenen Kompetenzprofil der Beraterin bzw. des Beraters von DIVIANI u.a. (vgl. 2012) überein. DIVIANI u.a. (vgl. 2012, S. 11) fassen zusammen, dass fundiertes Fachwissen, Beratungs- und Reflexionskompetenzen vonnöten sind, um professionell beraten zu können. „Beraterin, Berater verfügen über Wissen und Kompetenzen bezüglich des fachspezifischen Handlungsfeldes und bezüglich des Beratungsfeldes" (SCHNEBEL 2012, S. 24). Auf Grundlage des geforderten Kompetenzerwerbs im Bachelor-Studiengang Diätologie verfügen Diätologinnen und Diätologen über das entsprechende Fachwissen und über Beratungskompetenzen hinsichtlich des berufsspezifischen Handelns. VALENTINI u.a. (vgl. 2013, S. 105) erklären, dass die ernährungsmedizinische Beratung durch qualifizierte Fachkräfte umgesetzt werden und geführt werden sollte, weil Diätologinnen und Diätologen über das notwendige Fachwissen und über die Beratungskompetenzen verfügen, um professionell beraten zu können. Die Beraterin bzw. der Berater üben die Beratung als einen Teilbereich oder auch als wesentliche Haupttätigkeit im beruflichen Kontext aus. Wenn der wesentliche Anteil der Dienstleistungserbringung im Führen der Beratungen liegt und die Dienstleistung über die Beratung gemessen wird, dann wird von einer professionellen Beratertätigkeit gesprochen (vgl. HAUSER 2012, S. 23). Das Führen der ernährungsmedizinischen Beratungsgespräche repräsentiert den beruflichen Schwerpunkt in der Diätologie. Übergreifend auf das vorangegangene Zitat wird die Leistung der Diätologin bzw. des Diätologen über die Beratertätigkeit gemessen. Um den Beratungsprozess auf einem professionellen Niveau durchzuführen, bedarf es der Festlegung der Qualitätsstufe, der Bestimmung und Durchführung der Evaluierungsmaßnahmen und Reflexionsschritte (vgl. HAUSER 2012, S. 23 f.). Im Anschluss wird darauf Bezug genommen. Die Festlegung des Qualitätsniveaus wird durch das Bestimmen der Behandlungsziele und Behandlungsmaßnahmen in der ernährungsmedizinischen Beratung und Ernährungstherapie verwirklicht, da hierfür ein Qualitätsanspruch an den Beratungsverlauf und das Beratungsergebnis gegeben ist. Die Evaluierung und die Reflexion sind integrative Bestandteile des diätologischen Prozesses im Rahmen der Qualitätssicherung. Bezugnehmend auf das Kapitel 2.3 wird deutlich, dass sich das Evaluieren und das Reflektieren auf die diätologische Intervention beziehen. Dementsprechend beraten Diätologinnen und Diätologen unter Berücksichtigung und Einbindung der einschlägigen Literaturbezüge von DIVIANI u.a. (vgl. 2012), SCHNEBEL (vgl. 2012) und HAUSER (vgl. 2012) professionell.

2.3.3 Beratungsprozess

„Beratung ist ein kontinuierlicher Kommunikationsprozess zwischen Berater zw. Beraterin und Rat Suchendem bzw. Rat Suchender" (KRAUSE u.a. 2003, S. 24). CULLEY (vgl. 2013, S. 13) bestätigt diese Auslegung, Beratung als einen Prozess zu erörtern: „Das Wort »Prozeß« bezieht sich auf das, was zwischen uns und unseren Klienten passiert und auf welche Weise wir zusammenarbeiten" (CULLEY 2013, S. 13). Der Beratungsprozess wird explizit in dem Sinne erläutert, dass die ernährungsmedizinische Beratung und die Ernährungstherapie ein prozessgeleitetes Handeln darstellen. Mehrere Beratungsprozesse werden in den Literaturbezügen beschrieben. Die drei Phasen eines Beratungsprozesses nach CULLEY (vgl. 2013) gleichen sich in der Grundstruktur des 9-Stufen-Modells nach BOLAND (vgl. 1993). LÜCKERATH und MÜLLER (vgl. 2014, S. 71 ff.) beziehen sich auf das 9-Stufen-Modell von BOLAND (vgl. 1993) mit der Begründung, dass dieses Modell eine Struktur aufweise, die dem Beratungsverlauf einer Ernährungsberatung ähnele. Im Sinne der pädagogischen und schulischen Beratung sind mehrere Beratungsabläufe in Fachbüchern zu finden. Allerdings weisen diese keinen hinreichenden Bezug zu den diätologischen Interventionen auf. Zum strukturellen und inhaltlichen Vergleich werden diesbezüglich die Ablaufphasen des 9-Stufen-Modells von BOLAND (vgl. 1993, S. 5 f.) herangezogen:

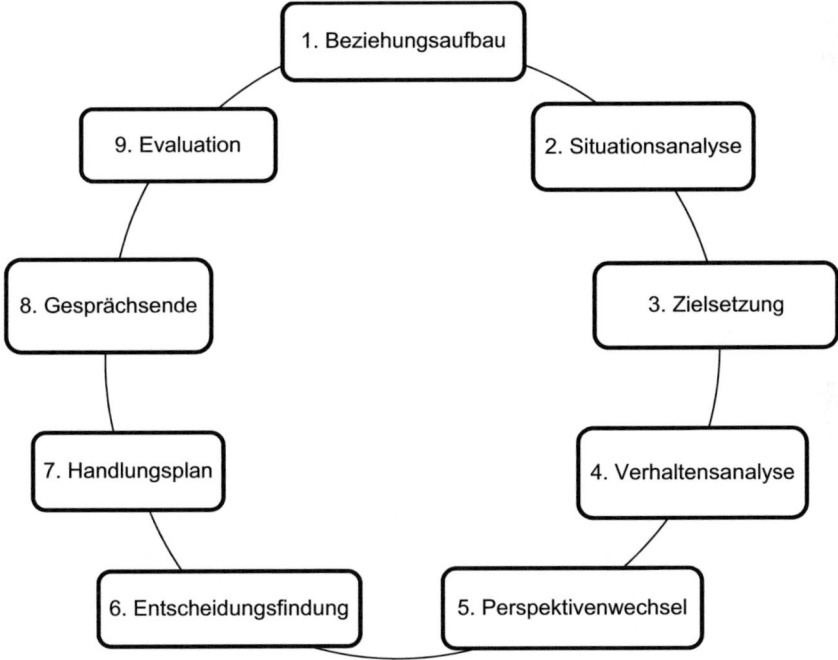

Abbildung 4: Das 9-Stufen-Modell des Beratungsprozesses (Quelle: eigene Darstellung in Anlehnung an BOLAND 1993).

Die einzelnen Prozessschritte der diätologischen Interventionen werden anhand des 9-Stufen-Modells nach BOLAND (vgl. 1993) dezidiert angeführt.

Beziehungsaufbau: Von der Entwicklung einer soliden zwischenmenschlichen Beziehung im Beratungsgespräch hängt der Erfolg oder auch Misserfolg eines Beratungsverlaufes ab (vgl. CULLEY 2013, S. 15). LÜCKERATH und MÜLLER (vgl. 2014, S. 71) bestätigen diese Aussage. Der Erfolg einer ernährungsmedizinischen Beratung und Ernährungsberatung hängt entscheidend von der Beziehung zwischen der Diätologin bzw. dem Diätologen und den Klientinnen und Klienten ab. Die Entwicklung einer vertrauensvollen und offenen Beziehung wird begünstigt durch das Zeigen von Verständnis und Akzeptanz gegenüber den Klientinnen und Klienten (vgl. CULLEY 2013, S. 15). Die Grundwerte Akzeptanz und Verständnis werden durch den zwischenmenschlichen Umgang vermittelt. Im Hinblick auf die Grundhaltungen des therapeutischen Beratens können in diesem Zusammenhang die Wertschätzung und die Empathie der Beraterin bzw. des Beraters aufgegriffen werden, denn die Grundhaltungen begünstigen die Entstehung einer vertrauensvollen und offenen Beziehung (vgl. LÜCKERATH/MÜLLER 2014, S. 65). Im Kapitel 2.4.2 werden die Grundhaltungen der Diätologin bzw. des Diätologen eingehender betrachtet.

Situationsanalyse: Die Ausgangslage wird zunächst in der Situationsanalyse geklärt und erfasst. In der ernährungsmedizinischen Beratung wie auch in der Ernährungsberatung gehören zur Erfassung der Ausgangslage und der Situationsanalyse die Durchführung der Ernährungsanamnese, die Sammlung von Daten und Fakten der Klientin bzw. des Klienten sowie die Beschreibung der individuellen Situation dazu. Dabei wird das Ziel verfolgt, die möglichst detaillierte Erfassung der Problemsituation der Klientin bzw. des Klienten zu erreichen. Im Rahmen dessen bildet die Situationsanalyse einen der größten Gesprächsanteile im Beratungsprozess, da dies dem klientenzentrierten Ansatz entspricht (vgl. LÜCKERATH/MÜLLER 2014, S. 71).

Zielsetzung: Auf Grundlage der erfassten und analysierten Ausgangsalge werden zur Modifikation des Ernährungsverhaltens Ziele mit der Klientin bzw. dem Klienten definiert (vgl. LÜCKERATH/MÜLLER 2014, S. 71). Dazu zählt auch das Erfragen der Vorstellungen und der Ziele der Klientin bzw. des Klienten. Die Beraterin bzw. der Berater kann sich durch die ihr/ihm bekannten Ziele und Vorstellungen spezifischer mit der Problemstellung auseinandersetzen (vgl. ERLTELT/SCHULZ 2015, S. 48). Somit bezieht sich diese Phase des Beratungsgesprächs auf das Fokussieren der festgelegten Ziele und der Richtung zur Modifikation des Ess- und Trinkverhaltens.

Verhaltensanalyse: Im Rahmen der Ernährungsanamnese kommt die Verhaltensdiagnostik zum Tragen und diesbezüglich ist eine Analyse des Verhaltens grundlegend für die weiteren Schritte im Beratungsprozess. Hierfür wird das Verhalten der Klientinnen und Klienten analysiert sowie, wie mit der Problematik umgegangen wird und welche Vorerfahrungen die Klientinnen und Klienten aufweisen (vgl. LÜCKERATH/MÜLLER 2014, S. 72).

Perspektivenwechsel: Klientinnen und Klienten haben eine eigene Perspektive auf die Problematik. Hier wird der Versuch unternommen, eine neue Sichtweise auf die eigene Person wie auch auf die Problematik zu entwickeln. Die Neubewertung des Problems befähigt Klientinnen und Klienten dazu, Handlungsrichtungen anzusteuern und Zielvorstellungen umzusetzen. Insbesondere ist das Arbeiten an sich und an der Problemstellung für Klientinnen und Klienten herausfordernd und kann durch eine beständige Begleitung und Betreuung unterstützt werden (vgl. CULLEY 2013, S. 19). Die Klientinnen und Klienten werden dabei unterstützt, eine neue Perspektive zu ihrem individuellen Problem einzunehmen. Dadurch können sich weitere Lösungswege für die Problematik ergeben und entwickeln (vgl. LÜCKERATH/MÜLLER 2014, S. 72).

Entscheidungsfindung: Die Klientinnen und Klienten sollen alle verfügbaren Optionen kennen und sich auf Basis des Repertoires an Möglichkeiten entscheiden. Die ausgewählten Optionen werden hinsichtlich der Erfolgsaussichten überprüft. Dementsprechend werden die Klientinnen und Klienten unterstützt, machbare Veränderungen künftig umzusetzen. Die zu erwartenden Ergebnisse und Zielvorstellungen werden besprochen und mit den vereinbarten Zielen verglichen. Diese Vorgehensweise wird als die Vorbereitung eines angemessenen Wandels bezeichnet (vgl. CULLEY 2013, S. 21), da die Klientinnen bzw. die Klienten in der Selbstständigkeit und Entscheidungsfähigkeit gestärkt werden, um die Problemsituation bewältigen zu können. Die Beschreibung von CULLEY (vgl. 2013, S. 21) gleicht in der inhaltlichen Beschreibung der Entscheidungsfindung von LÜCKERATH und MÜLLER (vgl. 2014, S. 72).

Handlungsplan: Die Lernerfolge und Kenntnisse sollen in dieser Phase des Beratungsprozesses übertragen werden.

„All das, was die Klienten im Beratungsprozeß über ihr Verhalten und die unterschiedlichen Optionen, die ihnen offen stehen, lernen konnten, muß nun auf die Lebenswelt der Klienten selbst übertragen werden, wenn sie erfolgreich mit ihren Aufgaben fertig werden wollen" (CULLEY 2013, S. 21).

Um Veränderungen umsetzen zu können, bedarf es Handlungen seitens der Klientinnen und Klienten. Beraterinnen und Berater können die Klientinnen und die Klienten dabei unterstützen, bewusste Handlungen durchzuführen (vgl. CULLEY 2013, S. 21). In der ernährungsmedizinischen Beratung bzw. der Ernährungsberatung werden mit der Klientin bzw. dem Klienten Interventionen besprochen, die auf die Verwirklichung und Erreichung der Ziele ausgerichtet sind (vgl. LÜCKERATH/MÜLLER 2014, S. 72).

Gesprächsende: Am Gesprächsende können kommunikative Beratungsfertigkeiten eingesetzt werden, um die festgelegten Maßnahmen und Ziele zu verdeutlichen. Das

Zusammenfassen wie auch das Wiederholen zählen zu den Beratungsfertigkeiten, die im Kapitel 2.4.3 vertieft behandelt werden.

Evaluation: Die Evaluation verkörpert die Kontrolle des Erfolges im Rahmen der beraterischen Tätigkeit. Relevante Daten und Fakten werden durch eine Dokumentation erfasst. Dadurch können mögliche Therapieerfolge oder Misserfolge der Beratungsmaßnahmen festgehalten, Optimierungen und Nachjustierungen eingeleitet werden (vgl. LÜCKERATH/MÜLLER 2014, S. 72). Eine fortlaufende Evaluation und Reflexion des diätologischen Handelns sind in den diätologischen Prozess integriert. Die beschriebene Qualitätssicherung und -erfassung können vor allem durch das bewusste Analysieren und Auswerten der ernährungstherapeutischen Handlungen gewährleistet werden (vgl. VERBAND DER DIAETOLOGEN ÖSTERREICHS 2015, Diaetologie/Diaetologischer Prozess).

2.3.4 Resümee des diätologischen Handelns

Die ernährungstherapeutische Behandlung und Betreuung der Klientinnen und Klienten sind im diätologischen Prozess festgelegt und definiert. Die Befugnis, kranke und krankheitsverdächtige Personen ernährungstherapeutisch betreuen und behandeln zu dürfen, ist im Gesetz der gehobenen medizinisch-technischen Dienste im Berufsbild verankert. Hierfür planen und führen Diätologinnen und Diätologen die ernährungsmedizinischen Beratungs- und Therapieprozesse eigenständig. Das diätologische Handeln wird anhand des diätologischen Prozesses dargestellt. Für die Erarbeitung der Handlungsschritte im Rahmen des diätologischen Prozesses wurde auf den VERBAND DER DIAETOLOGEN ÖSTERREICHS (vgl. 2015, Diaetologie/Diaetologischer Prozess) und auf die Publikation von HOFBAUER u.a. (vgl. 2011) Bezug genommen. Im diätologischen Prozess stellen die diätologischen Interventionen den Handlungsschwerpunkt der Diätologin bzw. des Diätologen dar. Dies umfasst die ernährungsmedizinische Beratung, die Ernährungstherapie wie auch die Schulungen. Anhand der Publikation von HOFBAUER u.a. (vgl. 2011), der veröffentlichten Webseiten des VERBANDES DER DIÄTOLOGEN ÖSTERREICHS (vgl. 2015, Diaetologie/Diaetologischer Prozess) und der einschlägigen Fachliteratur von LÜCKERATH und MÜLLER (vgl. 2014) konnte diese Erkenntnis herausgearbeitet werden.

Das beschriebene Berufsbild spiegelt sich in den beruflichen Handlungskompetenzen wider, die die Absolventinnen und Absolventen im Rahmen des Bachelor-Studienganges Diätologie zu erwerben haben. In Anlehnung an den diätologischen Handlungsschwerpunkt verfügen Diätologinnen und Diätologen über Beratungskompetenzen, um die ernährungsmedizinische Beratung, die Ernährungstherapie wie auch die Schulungen professionell umsetzen zu können. Somit stellen die Entwicklung, Erweiterung und

Vertiefung der Beratungskompetenzen eine grundlegende didaktische und methodische Herausforderung in der Ausbildung zur Diätologin bzw. zum Diätologen dar. Die Studieninhalte des Bachelor-Studienganges Diätologie an der FACHHOCHSCHULE ST. PÖLTEN UNIVERSITY OF APPLIED SCIENCES (vgl. 2015a, Diätologie/Studieninhalte) spiegeln diesen wesentlichen Aspekt, Beratungskompetenzen zu erwerben.

Um die Definition und die Unterscheidung der Begrifflichkeiten Ernährungsberatung, ernährungsmedizinische Beratung und Ernährungstherapie zu erarbeiten, wurden sowohl die Publikation von VALENTINI u.a. (vgl. 2013), die Fachliteratur von LÜCKERATH und MÜLLER (vgl. 2014) als auch die veröffentlichten Inhalte des VERBANDES DER DIÄTOLOGEN ÖSTERREICHS (vgl. 2015, Diaetologie/Diaetologischer Prozess) herangezogen. Ernährungsberatung ist ein nicht geschützter Begriff. Eine Ernährungsberatung wird durchgeführt zur Vorbeugung ernährungsabhängiger Krankheiten und zur Erhaltung der Gesundheit. Die ernährungsmedizinische Beratung hingegen ist ein Teil der Ernährungstherapie und unterscheidet sich anhand bestimmter Komponenten, die im Kapitel 2.3.1 aufgelistet sind. Die ernährungsmedizinische Beratung und die Ernährungstherapie werden aufgrund der gesetzlichen Befugnis ausschließlich von Diätologinnen und Diätologen durchgeführt. Grundvoraussetzung einer ernährungsmedizinischen Beratung ist das Vorliegen ernährungsabhängiger Krankheiten. Kranke wie auch krankheitsverdächtige Klientinnen bzw. Klienten, die ernährungsabhängige Indikationen aufweisen, werden von Diätologinnen und Diätologen ernährungstherapeutisch betreut und behandelt.

Die definitorischen Erläuterungen des Begriffes die Ernährungsberatung von VALENTINI u.a. (vgl. 2013) sowie PUDEL und WESTENHÖFER (vgl. 2003) zielen auf die Verhaltens- und Ernährungsmodifikation der Klientinnen und Klienten ab. Insbesondere die Begriffsdefinition von PUDEL und WESTENHÖFER (vgl. 2003) beschreibt die Ernährungsberatung im Sinne der auxiliären Gesprächsführung von KELLER und THIELE (vgl. 2003). Durch die auxiliäre Gesprächsführung werden Beratungstechniken eingesetzt, um im Dialog mit der Klientin bzw. dem Klienten Hilfe zur Selbsthilfe zu geben.

Das literarische Werk von SCHNEBEL (vgl. 2012), welches sich mit der Thematik ‚Kennzeichen des professionellen Beratens' auseinandersetzt, wurde im Kontext der ernährungsmedizinischen Beratung und Ernährungstherapie ausgelegt. Neben der didaktischen Vorgehensweise und der methodischen Struktur werden auch die Rahmenbedingungen in Bezug auf die Umsetzung einer professionellen Beratung genannt. HAUSER (vgl. 2012) vervollständigt die Aspekte, die die professionelle Beratung auszeichnen. Absolut grundlegend ist der Aspekt, dass Beraterinnen und Berater über fachspezifisches Wissen und Kompetenzen im berufsspezifischen Tätigkeitsbereich verfügen sollten, um eine professionelle Beratung durchführen zu können. Daraus ableitend beraten

Diätologinnen und Diätologen unter Einbindung der literarischen Werke von SCHNEBEL (vgl. 2012) und HAUSER (vgl. 2012) professionell.

Die professionelle Beratung ist durch den Beratungsprozess gegliedert. CULLEY (vgl. 2013) beschreibt einen Beratungsprozess mit einer Anfangs-, Mittel- und Endphase. Da die drei Phasen eines Beratungsprozesses nach CULLEY (vgl. 2013) in der inhaltlichen Grundstruktur des 9-Stufen-Modells nach BOLAND (vgl. 1993) gleichen, wird auf diesen Beratungsprozess Bezug genommen. Das Durchführen der Beratung mittels der verschiedenen Phasen gilt als Beratungskompetenz zur Gesprächsführung. Aufgrund dessen wird ein Beratungsprozess gewählt, der dem Ablauf einer Ernährungsberatung und einer ernährungsmedizinischen Beratung ähnelt. Hierbei wurde explizit das 9-Stufen-Modell nach BOLAND (vgl. 1993) für die Darstellung gewählt. Im Rahmen der Beratungskompetenzen wird Bezug genommen auf die Gesprächsführungskompetenz, die das Führen eines Beratungsgespräches durch den Beratungsprozess integriert.

2.4 Beratungskompetenzen

Aus dem Wort Beratungskompetenz ergibt sich die grundlegende Begrifflichkeit, die Kompetenz. Diesbezüglich wird zunächst auf das Verständnis des Begriffes Bezug genommen. Der Begriff Kompetenz unterliegt in der Berufspädagogik einer regen Diskussion, insbesondere in der definitorischen Auseinandersetzung. Die Autoren HEYSE und ERPENBECK (vgl. 2007) setzen sich in der näheren Konkretisierung des Begriffes Kompetenz auch mit dem Begriff Qualifikation auseinander. Nach vertiefender Literaturrecherche geht diese Differenzierung auf den DEUTSCHEN BILDUNGSRAT (vgl. 1974) zurück. Für diesen sind Qualifikationen sowohl ein Wissensrepertoire als auch Fertigkeiten und Fähigkeiten, die verwendet und verwertet werden. Damit beziehen sich der DEUTSCHE BILDUNGSRAT (vgl. 1974) wie auch die Autoren HEYSE und ERPENBECK (vgl. 2007) auf die objektbezogenen Anforderungen und die tätigkeitsbezogenen Fähigkeiten, Fertigkeiten und Wissensbestände, weil Qualifikationen sich auf Tätigkeiten, Aufgaben und Anforderungen fokussieren. Kompetenzen orientieren sich an der Eigenverantwortlichkeit, der Handlungsorientierung und der Selbstorganisationsfähigkeit der einzelnen Personen (vgl. HEYSE/ERPENBECK 2007). Dies wird auch durch den europäischen Qualifikationsrahmen dezidiert angeführt. Die Kenntnisse, die Fertigkeiten wie auch die Fähigkeiten im Rahmen der tätigkeits- und lernbezogenen Situationen für die berufliche und/oder persönliche Entwicklung zu nutzen wird als Kompetenz beschrieben (vgl. EUROPÄISCHES PARLAMENT/RAT 2008, S. 5 f.). Durch die Aneignung von Kompetenzen werden Personen befähigt, in beruflichen wie auch in privaten Situationen eigenverantwortlich agieren und handeln zu können. Die Begriffserklärung wird auf Grundlage des EUROPÄISCHEN PARLAMENTS und des RATES (vgl. 2008) herangezogen, da dies die Grundlage und den Rahmen bildet für die Schaffung einer vergleichbaren und transparenten Hochschulbildung. Kompetenzen gewinnen einen übergeordneten Stellenwert, da hierzu die Kenntnisse, Fertigkeiten und Fähigkeiten gezählt werden. Kenntnisse werden als Grundgesamtheit des Wissens über Fakten, des praktischen und theoretischen Wissens über Lern- und Arbeitsfelder bezeichnet (vgl. EUROPÄISCHES PARLAMENT/RAT 2008, S. 5 f.). Daraus folgernd werden Kenntnisse dem Fachwissen gleichgesetzt. Ein wesentlicher Teil dieser Arbeit beschäftigt sich mit der Erarbeitung der Beratungskompetenzen im berufsspezifischen Bereich der Diätologie. Diesbezüglich werden die Beratungskompetenzen im Hinblick auf das Fachwissen den Fertigkeiten und Fähigkeiten zugeordnet und erörtert.

Ein professionelles Beratungsgespräch zu führen bedarf weit mehr als das Bereitstellen und Reproduzieren des Fachwissens. „Die Durchführung der ernährungsmedizinischen Therapie erfordert neben dem ernährungsphysiologischen und diätetischen Fachwissen besondere Fähigkeiten und sozialkommunikative Kompetenzen" (HOFBAUER u.a. 2011, S. 19). Sowohl die fachliche Kompetenz als auch die sozialkommunikative Kompetenz, die Selbstkompetenz und die Methodenkompetenz sollten genutzt werden (vgl. HAUSER 2012, S. 19). Hierbei gleichen sich die Kompetenzfelder, die die Absolventinnen und Absolventen im Rahmen des Bachelor-Studienganges Diätologie zu erwerben haben, wieder den in der Darstellung von HAUSER (vgl. 2012, S. 24) angeführten Beratungskompetenzen. Dazu zählen die fachlich-methodischen Kompetenzen, die sozialkommunikativen Kompetenzen und die Selbstkompetenzen (vgl. § 2 Abs. FH-MTD-AV). Die persönliche Kompetenz kann dem Begriff der Selbstkompetenz gleichgesetzt werden, da die Begriffserklärungen in verschiedenen Literaturbezügen für denselben Sachbezug verwendet werden.

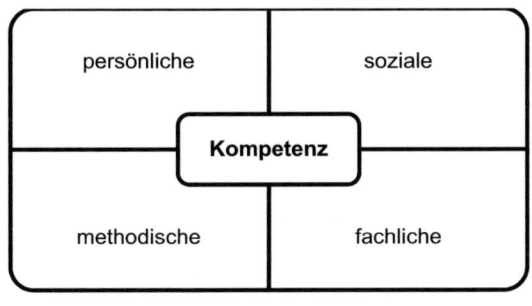

Die vier Kompetenzfelder

Abbildung 5: Die vier Kompetenzfelder (HAUSER 2012, S. 24).

Neben den dargestellten Beratungskompetenzen zeigt KUGLER (vgl. 2012, S. 171) in ihrer Publikation, wie umfangreich und breitgefächert das Fachwissen sein muss, um professionell beraten zu können. Hierbei werden Ernährungswissenschaft und Ernährungsmedizin in die Praxis umgesetzt. Im Anschluss werden die fachlich-methodischen Kompetenzen, die sozialkommunikativen Kompetenzen wie auch die Selbstkompetenzen im Rahmen der Beratungskompetenzen im fachspezifischen Bereich der Diätologie definiert und dargestellt.

2.4.1 Fachlich-methodische Kompetenzen

In der nachfolgenden literarischen Erarbeitung der fachlich-methodischen Kompetenzen wird zunächst eine definitorische Abgrenzung zwischen der fachlichen Kompetenz und der methodischen Kompetenz vorgenommen. Die fachliche Kompetenz in der Diätologie ist das ernährungsmedizinische Fachwissen. Es wird in der Ernährungsberatung und in der ernährungsmedizinischen Beratung angewendet und entsteht aus der Verknüpfung von Ernährungsmedizin, Ernährungswissenschaft, Diätetik, Lebensmittelkunde, Koch- und Küchentechnik (vgl. LÜCKERATH/MÜLLER 2014, S. 55). Wissen aus den Natur-, Sozial- und Kulturwissenschaften wird hierbei verzahnt (vgl. HOFBAUER u.a. 2011, S. 18). Die Fachkompetenz schließt die Fähigkeit und Bereitschaft mit ein, Aufgabenstellungen eigenverantwortlich, wissensbasiert und strukturiert zu bearbeiten, die Resultate auf Grundlage des Wissens zu beurteilen und daraus einen Erkenntnisgewinn zu erhalten (vgl. PFÄFFLI 2005, S. 63). Diätologinnen und Diätologen verfügen demnach über ernährungsmedizinisches Fachwissen und über die Fähigkeit, den diätologischen Prozess eigenverantwortlich, wissensbasiert und systematisch durchzuführen. Die Ergebnisse und die Erfolge werden wissensbezogen beurteilt und evaluiert. Durch diese wissensbezogene Beurteilung und Evaluation werden eine Wissenserweiterung und Vertiefung der Kenntnisse erzielt.

Die Methodenkompetenz integriert die Fähigkeit und Bereitschaft, berufliche Tätigkeitsanforderungen und Problemstellungen durch zielorientiertes und systematisches Vorgehen zu meistern. Dadurch werden angeeignete kognitive Denkprozesse, Arbeitsabläufe oder Lösungen eigenverantwortlich bestimmt, umgesetzt und adaptiert (vgl. PFÄFFLI 2005, S. 63). Die methodische Kompetenz ist mitverantwortlich, um die fachliche Kompetenz aufzubauen sowie sie erfolgreich zu nutzen (vgl. SCHAEFFER 2008, S. 7). Die definitorische Abgrenzung zwischen der fachlichen Kompetenz und der methodischen Kompetenz ist fließend. In der FH-MTD-AUSBILDUNGSVERORDNUNG (vgl. § 2 Abs. 4 FH-MTD-AV) wird der Kompetenzerwerb als fachlich-methodische Kompetenzen der Diätologin bzw. des Diätologen bezeichnet. Demzufolge verfügen Diätologinnen und Diätologen über die

Fähigkeit, den Beratungsprozess ziel- und lösungsorientiert zu führen. Hierzu werden Beratungstechniken und -methoden angewendet. In der qualitativen Forschung von MISSONI (vgl. 2013, S. 87 f.) gaben aus der Grundgesamtheit von acht Diätologinnen und Diätologen sechs Personen anhand teilstrukturierter Interviewleitbögen an, dass fachliches Wissen eine wesentliche Grundvoraussetzung in der beraterischen Tätigkeit darstelle. Berufserfahrene Diätologinnen und Diätologen wiederum äußerten sich kritisch zum einstudierten Fachwissen, da darüber hinaus die Beratungstechniken als Bestandteil fachlichen Wissens in Beratungsgesprächen gesehen werden. Somit ist das ernährungsmedizinische Fachwissen ein Bestandteil der fachlichen Kompetenzen. Allerdings benötigen Diätologinnen und Diätologen, neben dem fundierten ernährungsmedizinischen Wissen, das Wissen über Beratungstechniken und Beratungsfertigkeiten. Darunter kann das Wissen verstanden werden, das Repertoire an Beratungstechniken und -fertigkeiten zu kennen. Übergreifend berücksichtigen die methodischen Kompetenzen die situative Anwendung, den methodischen Einsatz sowie die angemessene Wahl der Beratungstechniken und -fertigkeiten im Beratungsprozess. Das schließt den methodischen und systematischen Umgang mit ernährungsmedizinischem Fachwissen, Beratungstechniken und -fertigkeiten mit ein. Die Begriffserklärungen von PFÄFFLI (vgl. 2005) geben einen Überblick über die Bedeutung der fachlich-methodischen Kompetenzen, die in Bezug auf die Beratungskompetenzen nicht getrennt betrachtet werden können.

In einem nächsten Schritt werden nun im Kontext der angeführten Beschreibungen des Kompetenzbegriffes Fähigkeiten und Fertigkeiten wiedergegeben, die in einem Bezug zu den Beratungskompetenzen der Diätologie stehen. Im Rahmen der FH-MTD-AUSBILDUNGSVERORDNUNG (vgl. § 2 Abs. 4 FH-MTD-AV) haben die Absolventen und Absolventinnen fachlich-methodische Kompetenzen zur eigenverantwortlichen Durchführung des diätologischen Prozesses und zum eigenverantwortlichen Handeln zu erwerben. Diätologinnen und Diätologen führen eigenständig den diätologischen Prozess durch, indem Handlungsschritte durchdacht, geplant und umgesetzt werden. Damit wird auch auf das Klinische Reasoning nach HIGGS (vgl. 2008, S. 4) geschlossen, da in der Durchführung des diätologischen Prozesses Denk- und Entscheidungsprozesse ablaufen, die im therapeutischen Arbeiten zu einer praktischen Handlung führen. HOFBAUER u.a. (vgl. 2011, S. 18) heben in dieser Hinsicht die Eigenverantwortlichkeit im diätologischen Handeln hervor. Die diätologischen Kenntnisse und Fertigkeiten werden mit medizinischen und ernährungsphysiologischen Kenntnissen sowie Kenntnissen aus anderen Disziplinen verknüpft. WALTER (vgl. 2011, S. 13) versteht darunter die Fähigkeit zum vernetzten Denken. Das gesundheitliche Problem der Klientinnen und Klienten zu erfassen, aus den bereits vorhandenen Befunden die ernährungsmedizinisch relevanten Fakten zu erkennen, stellt das vernetzte Denken von WALTER (vgl. 2011, S. 13) im diätologischen Arbeiten dar (vgl. § 2 Abs. 4 FH-MTD-AV). Insbesondere in der Durchführung der Beratung wird deutlich, dass die Fähigkeit zum vernetzten Denken in der Situationsanalyse benötigt wird.

LÜCKERATH und MÜLLER (vgl. 2014, S. 56) legen dar: „Es gibt kaum etwas Problematischeres als die Veränderung des Essverhaltens" (LÜCKERATH/MÜLLER 2014, S. 56). Die grundlegende Problematik in der Durchführung der diätologischen Interventionen beruht auf der Erwirkung einer langfristigen Veränderung des Lebensstils wie auch des Ernährungsverhaltens der Klientinnen und Klienten. Dabei wird das übergeordnete Ziel verfolgt, das Wohlbefinden und die Lebensqualität zu steigern (vgl. LÜCKERATH/MÜLLER 2014, S. 56 f.). Anhand dieser entscheidenden Schwierigkeit in der Durchführung der diätologischen Interventionen verfügen Diätologinnen und Diätologen über die Fähigkeit zur Problemlösung und zur Lösungsorientiertheit. Im Kapitel 2.2 verweist die Darlegung der Beratungsansätze hinsichtlich der Klientenzentrierung darauf, dass sich die Beraterin bzw. der Berater im Beratungsprozess an Lösungen, Zielen und Ressourcen orientiert. In der Ernährungsberatung wie auch in der ernährungsmedizinischen Beratung fokussiert sich die Diätologin bzw. der Diätologe auf einen klientenzentrierten Beratungsprozess. Hierbei benötigen Diätologinnen und Diätologen die Fähigkeit, lösungsorientiert zu arbeiten.

Darüber hinaus führen Diätologinnen und Diätologen eine abschließende Befundung und Beurteilung auf Grundlage des ernährungsmedizinischen Fachwissens wie auch auf Basis der vorhandenen und erhobenen therapierelevanten Informationen durch. Diese Prozessschritte sind wichtig für das Planen der Behandlungsschritte und -ziele (vgl. § 2 Abs. 4 FH-MTD-AV). Daraus resultiert die Entscheidungsfähigkeit, die im Beratungsprozess angewendet wird. Denn im Verlauf des Beratungsprozesses treffen Diätologinnen und Diätologen Entscheidungen über die künftigen Behandlungsmaßnahmen und Therapieschritte. Diese diätologischen Entscheidungen orientieren sich an den Zielen, die im Beratungsprozess definiert und festgelegt wurden. Aus der Aneignung der fachlich-methodischen Kompetenzen geht hervor, dass ein methodisches Vorgehen wie auch eine klare Strukturierung zur Umsetzung der ernährungsmedizinischen Beratungsgespräche vorauszusetzen sind (vgl. § 2 Abs. 4 FH-MTD-AV). Konkret auf den Beratungskontext bezogen verhelfen die methodischen Kompetenzen dazu, das Beratungsgespräch mit Moderations- und Beratungstechniken zu gestalten und zu führen (vgl. HAUSER 2012, S. 26). Damit wird auf die Gesprächsführungskompetenz, die als grundlegende fachlich-methodische Kompetenz gilt, Bezug genommen.

2.4.2 Sozialkommunikative Kompetenzen und Selbstkompetenzen

Die Begriffsdefinitionen der sozialkommunikativen Kompetenzen und der Selbstkompetenzen werden unter Berücksichtigung des gesetzlichen Rahmens vorgenommen. Die Sozialkompetenz wird durch die Fähigkeit und die Bereitschaft ausgedrückt, sich mit anderen Personen verantwortungsbewusst und konstruktive auseinandersetzen zu können und sich beziehungsorientiert zu verhalten (vgl. WALTER 2011, S. 13 f.). Die Kommunikationsfähigkeit, die Fähigkeit zur Empathie und Wertschätzung gehören der sozialkommunikativen Kompetenz an. Die Fähigkeit, Toleranz und Akzeptanz zu vermitteln und zu zeigen, rundet die sozialkommunikativen Kompetenzen ab (vgl. § 2 Abs. 8 FH-MTD-AV). Diese genannten Sozialkompetenzen werden im Weiteren hinsichtlich des diätologischen Handelns in Beratungssituationen beschrieben.

Die Kommunikation als Fähigkeit und Austausch von Informationen und Nachrichten ist eine grundlegende sozialkommunikative Kompetenz. Die Rhetorik, die Beratungs- und Kommunikationstechniken in Beratungsgesprächen einzusetzen und zu nutzen, ist von zentraler Relevanz in der Gesprächsführung (vgl. HAUSER 2012, S. 25). Insbesondere der Rhetorik kommt eine besondere Bedeutung in der Durchführung von Schulungen und Beratungen zu. Die Expertin BIRKENBIHL (vgl. 2010) veröffentlichte zum Thema Rhetorik ein Schriftwerk, das aufgrund der Praxisnähe im Bereich der Diätologie einzusetzen ist. Grundsätzlich begünstigen eine strukturierte Argumentation, eine klare Sprache, eine kongruente Körperhaltung und -ausdruck es, die Beratenen von den vermittelten Inhalten zu überzeugen. Die Rhetorik schließt die Sprachwahl, das Sprechtempo, die nonverbale Kommunikation sowie die Strukturierung des kommunizierten Inhaltes ein (vgl. LÜCKERATH/MÜLLER 2014, S. 94). LÜCKERATH und MÜLLER (vgl. 2014, S. 73) stellen folgende Anforderungen einer Beratungssprache dar, die berücksichtigt und umgesetzt werden sollte. Die Beratungssprache sollte konkret, knapp, einfach, erklärend, fremdwortfrei, gegliedert, interessant und persönlich sein. Die Beratungssprache unter diesen Gesichtspunkten zu berücksichtigen bedarf einer fundamentalen Kommunikationskompetenz der Beraterin bzw. des Beraters. Darunter wird die Kommunikationsfähigkeit im Rahmen der sozialkommunikativen Kompetenzen verstanden:

„Sie umfasst unter anderem Ihre Dialogfähigkeit, das mündliche und schriftliche Ausdrucksvermögen, die Fähigkeit zu visualisieren, zu moderieren und zu argumentieren. Ohne den Austausch von Informationen sind Studium, Berufstätigkeit und der gesellschaftliche Umgang miteinander undenkbar" (WALTER 2011, S. 14).

Das von HAUSER (vgl. 2012) beschriebene Ausdrucksvermögen zeigt sich neben der Kommunikationsfähigkeit auch in der Artikulationsfähigkeit und Argumentationsfähigkeit der Diätologin bzw. des Diätologen (vgl. FH JOANNEUM GESELLSCHAFT MBH 2015b, Diätologie/Studienplan/Kommunikation 2). Zusammenfassend zählen die Beratungs- und

Kommunikationstechniken, die Rhetorik und das Ausdrucksvermögen zur Kommunikationsfähigkeit.

Die gegenseitige Wertschätzung und das Einfühlungsvermögen in Beratungsgesprächen zu vermitteln zählen zur Kommunikationsfähigkeit (vgl. WALTER 2011, S. 14). Insbesondere die Fähigkeit zur Empathie, die im personenzentrierten Beratungsansatz von WEINBERGER/LINDNER (vgl. 2011, S. 50) als grundlegendes Element beschrieben wird, gehört der Sozialkompetenz an. Die Empathie als ein elementarer Aspekt in Beratungsgesprächen lässt sich in Literaturbezügen von MISSONI (vgl. 2013), KUGLER (vgl. 2012), LÜCKERATH und MÜLLER (vgl. 2014) sowie von KELLER und THIELE (vgl. 2003) wiederfinden. In der Darstellung der qualitativen Forschungsergebnisse von MISSONI (vgl. 2013, S. 89) wird deutlich, dass Diätologinnen und Diätologen die Fähigkeit zur Empathie, Wertschätzung und Offenheit besitzen sollten. Die Grundgesamtheit an interviewten Diätologinnen und Diätologen stimmt hinsichtlich der Bedeutung diesen Fähigkeiten überein. Die Toleranz und auch die Akzeptanz gegenüber den Menschen werden von WALTER (vgl. 2011, S. 14) als ein Persönlichkeitsmerkmal beschrieben, welches den Sozialkompetenzen zugehörig ist. Akzeptanz und Toleranz in Bratungsgesprächen zu zeigen und zu vermitteln kann durch den beschriebenen Kompetenzerwerb der FH-MTD-AUSBILDUNGSVERORDNUNG (vgl. § 2 Abs. 8 FH-MTD-AV) belegt werden. Zusammengefasst sind in der Konkretisierung der sozialkommunikativen Kompetenzen die Grundelemente Wertschätzung und Empathie nach ROGER (vgl. 2012) eingearbeitet. In das Kapitel 2.4.4 werden die Grundhaltungen des therapeutischen Beratens integriert. Darüber hinaus zeigt der Auszug aus dem Curriculum des Bachelor-Studienganges Diätologie (vgl. FH JOANNEUM GESELLSCHAFT MBH 2015a, Diätologie/Studienplan/Kommunikation 1), dass im Rahmen der klientenzentrierten Beratung die Vertrauensbasis zu den Klientinnen und Klienten aufgebaut wird. Im Kapitel 2.4.5 wird die Vertrauensbasis in der klientenzentrierte Beratung näher erläutert.

In diesem Abschnitt werden die Selbstkompetenzen, als grundlegendes Kompetenzfeld erläutert. „Persönliche Kompetenz ist die Grundlage für soziale Kompetenz! Denn wer persönlich nicht kompetent ist, wird auch keine soziale Kompetenz erwerben können" (HAUSER 2012, S. 15). Diese Hauptaussage unterstreicht die Wichtigkeit, die Selbstkompetenz aufzubauen und weiterzuentwickeln. In der FH-MTD-AUSBILDUNGSVERORDNUNG (vgl. § 2 Abs. 8 FH-MTD-AV) wird keine klare Trennung zwischen den sozialkommunikativen Kompetenzen und den Selbstkompetenzen getroffen. Der deutsche Qualifikationsrahmen für lebenslanges Lernen (vgl. GNAHS 2010, S. 7) definiert Selbstkompetenz als Fähigkeit und Bereitschaft, selbstständig und verantwortlich zu handeln, eigenes und das Handeln anderer zu reflektieren und die eigene Handlungsfähigkeit weiterzuentwickeln. GILLEN (vgl. 2007, S. 8) hingegen erörtert Selbstkompetenz als die Bereitschaft und

Fähigkeit, die eigene Entwicklung zu reflektieren sowie in Bindung an individuelle wie auch gesellschaftliche Wertvorstellungen weiter zu entfalten. Diesbezüglich drückt die Selbstkompetenz die Fähigkeit aus, eigenverantwortlich zu handeln, zu agieren und das eigene Handeln in Beratungsgesprächen zu reflektieren. Dadurch entwickeln sich unter Einfluss der gesellschaftlichen Wertvorstellungen individuelle Werte und Haltungen, die sich im professionellen Selbstverständnis in der Berufsausübung zeigen. Neben den sozialkommunikativen Kompetenzen wird in der FH-MTD-AUSBILDUNGSVERORDNUNG gemäß § 2 Abs. 8 FH-MTD-AV auch die Selbstkompetenz miteinbezogen, die als Kongruenz, professionelles Selbstverständnis, Rollendistanz, Selbstreflexionsfähigkeit und Frustrationstoleranz zusammengefasst wird. In Anlehnung an die definitorischen Begriffserklärungen der Selbstkompetenz bezieht sich HAUSER (vgl. 2012, S. 24 f.) direkt auf das Selbst – die Person der Beraterin bzw. des Beraters. Darunter werden die Selbstwahrnehmung, das Selbstbild, das Selbstbewusstsein, die Selbstverwirklichung, die Selbstwirksamkeit und die Selbstbehauptung der Beraterin bzw. des Beraters verstanden (vgl. HAUSER 2012, S. 24 f.). Unter Einbindung der Grundhaltungen des therapeutischen Beratens zählt die Kongruenz zur Selbstkompetenz. LÜCKERATH und MÜLLER (vgl. 2014, S. 64) weisen auf die Übereinstimmung zwischen dem Verhalten und den vermittelten Inhalten der Beraterin bzw. des Beraters hin. Die konkretere Interpretation der Kongruenz wird im Kapitel 2.4.4 dargelegt. Die Selbstreflexionsfähigkeit und das professionelle Selbstverständnis zeigen sich im Einschätzen der eigenen Fähigkeiten bezüglich fachlicher, organisatorischer sowie administrativer Berufsanforderungen (vgl. § 2 Abs. 8 FH-MTD-AV). Im beruflichen Handeln im Rahmen des diätologischen Prozesses wird die Reflexionsfähigkeit der Diätologin bzw. des Diätologen erkennbar:

„Ein ehrlicher Blick auf die eigenen Ziele, was in der Beratung geleistet werden soll und kann, gibt Aufschluss, warum eventuell Enttäuschungen und Misserfolge vorprogrammiert sind" (KUGLER 2012, S. 171).

Hier wird zum einen die Reflexion des Beratungsverlaufes und Beratungserfolges genauer beschrieben, zum anderen lässt sich im Rahmen der Reflexionsfähigkeit auch das realistische Einschätzen der eigenen Fähigkeiten im Beraten aufzeigen (vgl. § 2 Abs. 8 FH-MTD-AV). In der Handhabung von Misserfolgen in der Ernährungsberatung zeigt sich das professionelle Handeln in Form der Frustrationstoleranz (vgl. KUGLER 2012, S. 171). LÜCKERATH und MÜLLER (vgl. 2014, S. 65) erklären, dass das Erkennen der Grenzen und Möglichkeiten der Ernährungsberatung ein wesentlicher Aspekt in der Professionalität der Beratertätigkeit seien. Im Beratungsgespräch können die vermittelten rationellen Ernährungsempfehlungen der Fachgesellschaften divergent zu den individuell ausgelebten Ernährungsverhalten der Klientinnen und Klienten stehen (vgl. LÜCKERATH/MÜLLER 2014, S. 58). Diese Grenzen in der Durchführung der Ernährungsberatung wie auch in der ernährungsmedizinischen Beratung wahrzunehmen und auch zu akzeptieren bedarf neben der Frustrationstoleranz und der Rollendistanz auch eines professionellen Verständnisses in der Berufsausübung. Die Selbstkompetenzen einer Diätologin bzw. eines Diätologen bestehen somit aus der Selbstreflexionsfähigkeit, der Rollendistanz, der Kongruenz und der Frustrationstoleranz.

2.4.3 Beratungstechniken

Die Qualität eines Beratungsgesprächs wird durch Fertigkeiten der Beraterin bzw. des Beraters beeinflusst. Im Wesentlichen geht es um den Einsatz und Umgang mit Beratungstechniken (vgl. KELLER/THIELE 2004, S. 1). WALTER (vgl. 2011, S. 19) versteht unter Technik das Wissen und den Umgang mit Methoden, die zur Anwendung einer Handlung notwendig sind, und die Fertigkeiten der Person selbst. Diese Beratungstechniken sind auch insofern Beratungsfertigkeiten, als PFÄFFLI (vgl. 2005, S. 62) unter Fertigkeiten Techniken und Automatismen versteht. Beratungstechniken sind nicht getrennt von den fachlich-methodischen Kompetenzen, den sozialkommunikativen Kompetenzen und den Selbstkompetenzen zu sehen. Das Wissen um die Beratungstechniken, die situativ angemessene Wahl sowie der zielgerichtete Einsatz der Beratungstechniken gehören der fachlich-methodischen Kompetenzen an. Die sozialkommunikativen Kompetenzen und die Selbstkompetenzen werden in der methodischen Anwendung der Beratungstechniken ersichtlich. Im Beratungsgespräch werden die verbale und die nonverbale Kommunikationsfähigkeit, die Fähigkeit zur Empathie, Wertschätzung und Kongruenz in Verbindung mit der methodischen Anwendung der Beratungstechniken ersichtlich. „Techniken werden eingesetzt, um vorgegebene Ziele leichter, schneller, präziser oder in sonstiger Hinsicht günstiger erreichen zu können" (WALTER 2011, S. 19). Das übergeordnete Ziel der Ernährungsberatung sind die langfristige Optimierung und Verbesserung der Lebensstilfaktoren und des Wohlbefindens der Klientinnen und Klienten (vgl. LÜCKERATH/MÜLLER 2014, S. 57). Somit dienen die Beratungstechniken dazu, die Ziele in der Ernährungsberatung und ernährungsmedizinischen Beratung effizienter und effektiver zu erreichen.

Beratungstechniken und Beratungsfertigkeiten werden für denselben Konsens in den Literaturquellen angegeben. Dadurch gleichen sich die Spezifizierungen bezüglich Beratungstechniken von KELLER und THIELE (vgl. 2004) die für Beratungsfertigkeiten von CULLEY (vgl. 2013). LÜCKERATH/MÜLLER (vgl. 2014), KELLER und THIELE (vgl. 2004) und WALTER (vgl. 2011) beschreiben die verschiedenen Beratungsfertigkeiten, die von CULLEY (vgl. 2013) explizit erläutert sind. Darüber hinaus beschreibt CULLEY (vgl. 2013) die Anwendung der Beratungsfertigkeiten im Rahmen eines Beratungsprozesses, sodass auch der angemessene situative Einsatz der Beratungsfertigkeiten berücksichtigt wird. In Folge dessen werden die grundlegenden Fertigkeiten in das Präsent sein, das Beobachten, das Zuhören, die reflektierenden und sondierenden Fertigkeiten wie auch das Konkretisieren gegliedert (vgl. CULLEY 2013, S. 64). Da die Ernährungsberatung und die ernährungsmedizinische Beratung von den lösungsorientierten wie auch systemischen Beratungsansätzen beeinflusst sind, werden auch Methoden im Coaching verwendet. Die Methoden des Coachings werden im Rahmen des systemischen Denkens deshalb erklärt. Für den Beratungsprozess werden diese grundlegenden Beratungsfertigkeiten herangezogen und darin eingebunden. Die Fähigkeit, die Beratungsfertigkeiten zu beherrschen, bringt den Beratungsprozess voran. Die angeführten Beratungsfertigkeiten können in unterschiedlicher Reihenfolge und Zusammenstellung verwendet werden, um die individuell verlaufenden Beratungsgespräche zu adaptieren. Es erfordert höchstes Beratungskönnen und fundierter Gesprächsführungskompetenz um das Beratungsgespräch durch den Einsatz der Beratungsfertigkeiten führen zu können. Das Modul „Beratungstechnik" bildet einen Schwerpunkt im Bachelor-Studiengang Diätologie (vgl. MISSONI 2013, S. 64) .Daraus resultiert die Wichtigkeit, die angeführten Fertigkeiten in ihrer Grundgesamtheit zu beherrschen, um eine Flexibilität und Professionalität im Umgang mit Klientinnen und Klienten zu erhalten. Diesbezüglich sind die Erweiterung und Vertiefung des Repertoires an Beratungstechniken bedeutsam für das Beratungskönnen (vgl. CULLEY 2013, S. 99). Unter den angeführten grundlegenden Beratungsfertigkeiten werden die Fragetechniken beschrieben und aufgelistet. Im Bachelor-Studiengang Diätologie wird explizit die Fragetechniken im Rahmen des Erwerbes der sozialkommunikativen Kompetenzen benannt und weist auf die Relevanz der Fragetechniken hin (vgl. FH CAMPUS WIEN 2015, Diätologie/Studienplan/3. Semester).

- **Fragetechniken**

Die Relevanz und Bedeutung, Fragetechniken einzusetzen, werden in folgenden Ausführungen deutlich: „Wir reden bei Beratungsgesprächen, anstatt zu fragen. Damit verschenken wir die Chance, etwas über die Bedürfnisse des Patienten zu erfahren" (KELLER/THIELE 2004, S. 18). „Der Profi in der Diät- und Ernährungsberatung redet wenig, fragt viel und hört seinem Klienten aufmerksam zu" (LÜCKERATH/MÜLLER 2014, S. 64). WALTER (vgl. 2011, S. 107) beschreibt die Fragetechniken als Grundwerkzeug der Beratungsgespräche. Fragen dienen unterschiedlichen Zwecken in der zwischenmenschlichen Kommunikation. Einerseits ermöglichen Fragen es, Klarheit in die Interaktion einzubringen. Andererseits können aus Vermutungen Missverständnisse entstehen, jedoch lassen Fragen ein einheitliches Verstehen des Kontextes zu. Im Wesentlichen wird durch das Fragen das Zeigen von Interesse signalisiert (vgl. WALTER 2011, S. 102 f.), denn mit jeder gestellten Frage wendet die Beraterin bzw. der Berater sich der Klientin bzw. dem Klienten zu (vgl. KELLER/THIELE 2004, S. 12). Des Weiteren können durch Fragestellungen Fakten, Daten und Informationen eingeholt werden, was zu einer Wissenserweiterung führen. Fragen können darüber hinaus den Dialog bzw. das Gespräch lenken (vgl. WALTER 2011, S. 102 f.). „Wer fragt, führt das Gespräch" (KELLER/THIELE 2004, S. 11 f.). Dies formulieren KELLER und THIELE (vgl. 2004, S. 11 f.) als eine der wichtigsten didaktischen Fähigkeiten in Beratungsgesprächen. Durch Fragetechniken kann das Beratungsgespräch in die gewünschte Richtung gelenkt und somit der Beratungserfolg beeinflusst werden. Schlussfolgernd sind Fragtechniken ein essentieller Bestandteil in der Gesprächsführung. Eine professionelle Gesprächsführung setzt darüber hinaus eine adäquate und sinnhafte Anwendung der Fragetechniken voraus. Im Folgenden werden unterschiedliche Fragetypen beschrieben, die im diätologischen Beratungsgespräch Anwendung finden.

Die Grundformen des Fragens können in offene und geschlossene Fragen eingeteilt werden. Im Spektrum zwischen den offenen und geschlossenen Fragen sind weitere Fragestellungen angesiedelt, die in Beratungsgesprächen eingesetzt werden (vgl. BRUNNER 2015, S. 16 f.). WALTER (vgl. 2011, S. 103) bestätigt diese Aussage bezüglich der Einteilung der Fragetypen in offene und geschlossene Fragen. Eine Person, die mit einer offenen Frage konfrontiert wurde, wird veranlasst zu beschreiben, zu erläutern oder auch zu erklären. Durch offene Fragen wird die Gelegenheit gegeben, über Vorstellungen, Bedürfnisse und Wünsche zu sprechen (vgl. WALTER 2011, S. 105). Offene Fragen lassen den befragten Personen Raum für die Antwort. Dadurch veranlassen sie dazu, die Antworten offen zu äußern, denn diese Antworten können nicht vorgegeben sein. Dabei werden Informationen, Meinungen, Perspektiven sowie Hintergründe eingeholt, die möglicherweise relevant für das Beratungsgespräch sind (vgl. BRUNNER 2015, S. 18). Beginnt eine Frage mit W-Fragen, handelt es sich um offene Fragestellungen (vgl. WALTER 2011, S. 105). Die nachfolgende Darstellung repräsentiert die W-Fragen, die auch im Coaching angewendet werden:

Offene Fragen beginnen immer mit sogenannten "W"-Fragewörtern:

- Wer
- Wann
- Wie
- Wo/Wohin
- Wem/Wen
- Was
- Wessen
- Inwiefern
- Welche (mit welchem Ziel, in welcher Form …)
- Woran
- Wie kommt es dazu

Abbildung 6: Die W-Fragen (RADATZ 2006, S. 172).

Im Gegensatz dazu erklären KELLER und THIELE (vgl. 2004, S. 25) die W-Fragen als doppeldeutige Fragestellung, die in einer geschlossenen Frage formuliert werden können. Deswegen ist in der Formulierung der W-Fragen darauf zu achten, dass eine offene Fragstellung entsteht. Die Ja-Nein-Fragen gehören zu den geschlossenen Fragen, veranlassen die befragte Person dazu, zuzustimmen oder zu verneinen bzw. eine knappe und kurze Antwort zu geben. Mit den geschlossenen Fragen lassen sich insbesondere in Informationsgesprächen kurzfristig Fakten und Daten einholen. Die geschlossenen Fragen bewirken, dass die befragte Person sich in den Ausführungen kurz hält, sofern dies erforderlich ist (vgl. KELLER/THIELE 2004, S. 23). Des Weiteren kann das Gespräch auf den Punkt gebracht werden (vgl. WALTER 2011, S. 104). Hingegen beinhalten geschlossene Fragen den entscheidenden Nachteil, dass es zu einer eingeschränkten Gesprächsöffnung kommen kann. Zudem werden die Perspektiven nicht wahrgenommen, wenn durch eine geschlossene Frage zwischen wenigen Aspekten entschieden werden sollte. Dies beschreibt WALTER (vgl. 2011, S. 104) als Alternativfragen. Zu den geschlossenen Fragen kann auch eine der bedeutsamsten Fragestellungen gerechnet werden – die Kontrollfragen. „Die Kontrollfrage […] hilft Ihnen als Fragesteller festzustellen, ob ihr Gesprächspartner Ihren Gedankengang in Ihrem Sinne verstanden hat" (WALTER 2011, S. 105). Diese Fragetechnik hat eine hohe Signifikanz in Beratungsgesprächen. Hierbei wird bestimmtes Wissen, welches der Klientin bzw. dem Klienten im Beratungsgespräch übermittelt wurde, kontrolliert und daraufhin überprüft, ob der Sachverhalt auch verstanden wurde (vgl. KELLER/THIELE 2004, S. 25).

Um die Fragetechniken sinnvoll einsetzen zu können sind verschiedene Vorgehensweisen zu vermeiden. Einerseits sollte nicht mehr als eine Frage zum selben Zeitpunkt gestellt werden. Ansonsten kann es dazu kommen, dass relevante Fragestellungen als unwichtig abgewertet bzw. nicht beantwortet werden (vgl. WALTER 2011, S. 106 f.). Darunter versteht BRUNNER (vgl. 2015, S. 66) die Mehrfachfragen. Andererseits sollten in der Fragestellung keine Informationen enthalten sein, aus denen die befragte Person die gewünschte Antwort heraushören kann (vgl. WALTER 2011, S. 106 f.). Im Stellen einer Suggestivfrage wird die bereits erwartete Antwort in die Frage integriert. Damit werden die befragten Personen manipuliert (vgl. WALTER 2011, S. 104). Im Beratungsgespräch muss zur Beantwortung der Frage ausreichend Zeit eingeräumt werden, damit Denkprozesse entstehen und ausreifen können. Ansonsten entwickelt sich das Beratungsgespräch zu einem Fragemonolog (vgl. BRUNNER 2015, S. 67). Wenn die Fragende bzw. der Fragende die Antwort nicht abwarten kann und diese direkt selbst liefert, wird das Verhalten als "die Antwort sich selbst geben" bezeichnet (vgl. BRUNNER 2015, S. 63). Zudem sollten Frage-stellungen prägnant und kurz formuliert werden (vgl. WALTER 2011, S. 107). Fragtechniken zu beherrschen gehört zu den Beratungskompetenzen, die im Rahmen des Bachelor-Studienganges Diätologie vermittelt werden. Die angeführten Fragetechniken repräsentie-ren einen Ausschnitt aus den grundlegendsten Beratungstechniken.

- **Präsent sein**

Präsent sein bildet die Grundlage die Klientin/ den Klienten beobachten und auch anhören zu können. Die verbale und nonverbale Kommunikation, die Haltung, der Augenkontakt, der Gesichtsausdruck und die Sitzposition sind Faktoren, die im Zusammenhang mit dem Präsent sein genannt werden. (vgl. CULLEY 2013, S. 65 f.). In der qualitativen Studie von MISSONI (vgl. 2013, S. 92) wird das Präsent sein als Erfolgsfaktor im Rahmen der ernäh-rungsmedizinischen Beratung beschrieben.

- **Beobachten**

Während der Interaktion in der Beratung werden nonverbale wie auch verbale Signale sichtbar, die durch das Beobachten erfasst und interpretiert werden können. Die Gesten, die Körperhaltung, die Mimik wie auch die Körperbewegungen können beobachtet werden (vgl. CULLEY 2013, S. 68). „Die Wirkungsweise der Körpersprache erklärt sich aus der Einheit von Körper und Geist" (WALTER 2011, S. 125). Diese Kongruenz, die als Überein-stimmung der nonverbalen und verbalen Kommunikation beschrieben wird, ist wesentlich für das Verstehen von Nachrichten, Informationen und Botschaften (vgl. KELLER/THIELE 2004, S. 49). Da keine Person die Fähigkeit besitzt, unwillkürliche Muskelausführungen und -bewegungen im Gespräch zu unterbinden, vermitteln wir mit jeder Körperbewegung und jeder Veränderung der Körperposition Botschaften. Die Körpersprache wird in eine bewusste und eine unterbewusste unterteilt, die in der Interaktion nicht eindeutig zu differenzieren sind. Menschen können sich auf bestimmte Körperteile und Körperbewegungen wie die Mimik und Gestik konzentrieren, wobei die Vorgänge in anderen Bereichen des Körpers unterbewusst ablaufen (vgl. WALTER 2011, S. 126). Widersprechen sich verbale Aussagen und nonverbale Signale, kann nach CULLEY (vgl. 2013, S. 67) exploriert werden. Hierbei ist die Reaktion auf diese Beratungssituation wichtig, um die Widersprüchlichkeit klären zu können. Jedoch ist zu berücksichtigen, dass die Interaktion der verbalen und nonverbalen Kommunikation zwischen Beraterin bzw. Berater und Klientin bzw. Klient eine eigene Dynamik aufweist:

„Sie und Ihre Klienten reagieren auf einander und auf die Signale, die sowohl auf der bewußten als auch auf der unterbewußten Ebene zwischen uns ausgetauscht werden" (CULLEY 2013, S. 68).

Aufgrund dessen ist im Rahmen der Fertigkeit Beobachten die Dynamik immer in die Interaktion eingebunden. Vor allem aber hilft das Beobachten, widersprüchliche Aspekte frühzeitig zu explorieren und aufzulösen (vgl. CULLEY 2013, S. 67 f.). Neben dem Beobachten von Widersprüchen in der zwischenmenschlichen Interaktion gehört auch das Erfassen von Störungen und Hindernissen dazu (vgl. KUGLER 2012, S. 171).

- **Zuhören**

„Zuhören ist schwieriger als Sprechen; es erfordert Geduld, Disziplin, Konzentration, analytisches Denken" (KELLER/THIELE 2004, S. 1). Das Zuhören begünstigt das gegenseitige Verstehen und fördert eine Stimmigkeit hinsichtlich des Anliegens der Klientin bzw. des Klienten und dessen, was die Beraterin bzw. der Berater darunter versteht (vgl. CULLEY 2013, S. 69). In Beratungsgesprächen begünstigt das Zuhören das Anliegen, die Wünsche und die Vorstellungen der Klienten bzw. Klientinnen in der Grundgesamtheit zu erfassen. Das Zuhören setzt immer ein Präsent sein voraus. Zuhören ist somit eine aktive Handlung. Mitunter kann diese Handlung als engagiertes, aufnahmebereites und teilnahmsvolles Zuhören umschrieben werden (vgl. KELLER/THIELE 2004, S. 1 f.). Unter dem Aspekt des Zuhörens ist auch das aktive Zuhören zu nennen. Beim aktiven Zuhören wird das mitgeteilt, was gehört wurde (vgl. CULLEY 2013, S. 68 f.): „Ein Hinhören auf die verbalen und nicht verbalen Äußerungen der Klienten und ein Registrieren der Spezifitätsebene, auf der Klienten sprechen" (vgl. CULLEY 2013, S. 100). Um aktiv zuhören zu können, wird die Fähigkeit vorausgesetzt, sich in die Personen hineinversetzen zu können und ihnen Akzeptanz und Wertschätzung entgegenzubringen (vgl. WALTER 2011, S. 112).

Zu den Aktivitäten in der Beratung zählt MUTZECK (vgl. 2008, S. 83) auch das Zeigen anteilnehmenden Interesses, das aktive Zuhören und das Zeitgeben. In der näheren Beschreibung resultieren aus den von WALTER (vgl. 2011, S. 112) formulierten Merkmalen des aktiven Zuhörens Gemeinsamkeiten. Hierfür beschreibt MUTZECK (vgl. 2008, S. 83 ff.) für das aktive Zuhören, das anteilnehmende Interesse und das Zeitgeben Umsetzungsmöglich-keiten in Beratungssituationen.

- **Reflektierende Fertigkeiten**

Das Reflektieren als Beratungsmethodik wird von CULLEY (vgl. 2013, S. 73) als eine der wichtigsten Fertigkeiten beschrieben, die in das Beratungsrepertoire integriert sein sollten. Diese wesentliche Methode fördert die Empathie, das Verstehen wie auch das Akzeptieren in der Beratungsbeziehung. „Die Benutzung reflektierender Fertigkeiten hilft uns, der Spur des Denkens und Fühlens unserer Klienten zu folgen" (CULLEY 2013, S. 73). Zu den reflektie-renden Methoden zählen das Wiederholen, das Paraphrasieren wie auch das Zusammen-fassen.

Das Wiederholen der gesagten Worte und Sätze der Klientinnen und Klienten kann auf das Gespräch förderlich wirken. Dabei kann die Wiederholung des Gesagten die Klientin bzw. den Klient zur weiteren Ausführung motivieren, insbesondere wenn relevante Informationen fehlen. Neben dem motivierenden Aspekt kann durch das Wiederholen das Gesprächsthema fokussiert werden (vgl. CULLEY 2013, S. 74). Hierfür werden Sätze wiederholt, die die Kernaussage der Klientin bzw. des Klienten verkörpern. Im Rahmen der ernährungsmedizi-nischen Beratung können Beratungsinhalte wiederholt werden, wobei die Klientin bzw. der Klient motiviert wird, genauer darüber zu sprechen (vgl. KELLER/THIELE 2004, S. 26).

Das Wiederholen der Kernaussagen der Klientinnen und Klienten in den eigenen Worten wird als Paraphrasieren bezeichnet. Das Paraphrasieren kann viele Ziele verfolgen. Einer-seits lassen sich die Grundwerte Akzeptanz und Verstehen signalisieren und dadurch kann die Beratungsbeziehung gestärkt werden. Andererseits dient das Paraphrasieren der Überprüfung des Gesagten sowie der Sammlung von Informationen zum Kontext (vgl. CULLEY 2013, S. 76).

Das Zusammenfassen fungiert als Methodik, um wesentliche Informationen zusammenzu-tragen, und ermöglicht einen Rückblick auf die bisherigen Schritte und auf das Geschehene. Das Zusammenfassen kann einerseits einen Rückblick auf die Arbeit liefern als auch zur Eröffnung der nächsten Beratungseinheit dienen. Des Weiteren kann das Zusammenfassen helfen, Inhalte und Eindrücke zu klären, Prioritäten zu setzen und zu bilden. Es kann zudem zum Beenden des Beratungsgespräches verwendet werden (vgl. CULLEY 2013, S. 79 f.).

- **Sondierende Fertigkeiten**

Die Themen und Informationen, die einen relevanten Charakter aufweisen, werden für das Beratungsgespräch sondiert (vgl. CULLEY 2013, S. 86). Die Beraterin bzw. der Berater spricht relevante Informationen und Themen an, die wesentlich für den Beratungskontext sind. Das folgende Zitat beschreibt die Fertigkeit des Sondierens:

„Wenn wir die Techniken des Sondierens benutzen, dann geht die Kontrolle über den Inhalt des Gesprächs vom Klienten auf den Berater über und der Berater ist dabei [...] direkter als beim Praktizieren der Instrumente" (CULLEY 2013, S. 86).

Insbesondere ist das Sondieren vorteilhaft, wenn zusätzliche Informationen seitens der Klientin bzw. des Klienten benötigt werden oder wenn über einen Sachverhalt detaillierter gesprochen werden sollte. Zu den sondierenden Fertigkeiten werden Fragetechniken gezählt, die offen oder auch hypothetisch gestellt werden können (vgl. CULLEY 2013, S. 86 ff.). Offene und hypothetische Fragestellungen werden im Weiteren beschrieben. Das Stellen offener Fragen begünstigt neben dem Erhalten von Informationen auch das Einbinden der Klientin bzw. des Klienten in den Beratungsprozess. Offene Fragen beginnen oftmals mit den Wörtern was, wo, wie und wer (vgl. CULLEY 2013, S. 86 f.). Darunter gliedern sich die geschlossenen und offenen Fragestellungen. Hypothetische Fragestellungen beziehen sich auf zukünftige Ereignisse und Vorkommnisse. Dabei kann die Beraterin bzw. der Berater die Klientin bzw. den Klienten veranlassen, über die eigene Zukunft zu spekulieren und über mögliche Handlungen und Reaktionen zu sprechen. Hypothetische Fragen können die Klientinnen und Klienten unterstützen, über Emotionen zu sprechen, die sich im weiteren Gesprächsverlauf thematisieren lassen (vgl. CULLEY 2013, S. 87). Da die Handlungsfähigkeit und Selbstständigkeit der Klientinnen und Klienten gefördert werden können, werden hypothetische Fragen gestellt. „Wenn man Ängste und Befürchtungen erst einmal in Worte gefaßt hat, sind sie für Betrachtung und Modifikation zugänglich" (CULLEY 2013, S. 87). Feststellungen zu treffen ist eine Fertig-keit, die angewendet wird, um den Beratungskontext zu wechseln, Fakten zu erhalten wie auch um die beratende Person zu unterstützen, spezieller und konkreter zu werden. Die Feststellungen können in einer Paraphrase wie auch in einer Zusammenfassung festge-halten werden und dienen als Grundlage, um den Beratungsinhalt zu wechseln und auch dazu, den Beratungsverlauf zu steuern (vgl. CULLEY 2013, S. 88 f.). CULLEY (vgl. 2013, S. 88 f.) beschreibt darüber hinaus auch sondierende Fertigkeiten, die sind im Beratungs-prozess wenig hilfreich sind. Darunter fallen Warum-Fragen, geschlossene Fragen, Entweder-Oder-Fragen und Leitfragen.

- **Konkretisieren**

Die Unterstützung und Hilfe kann seitens der Beraterin bzw. des Beraters erst dann gegeben werden, wenn die Klientin bzw. der Klient sich spezifischer äußert (vgl. CULLEY 2013, S. 100 f.). Deshalb ist es notwendig, in Beratungssituationen expliziter und detaillierter über den Beratungsinhalte zu sprechen. Das folgende Zitat zeigt offensichtliche Gründe für das Konkretisieren auf:

„Wenn wir Klienten nicht ermutigen, konkret zu werden, so erweisen wir ihnen einen Bärendienst, weil sie sich dann nicht in jenem expliziten und zielgerichteten Denken üben, das die notwenige Voraussetzung für Handlungen und Veränderungen ist" (CULLEY 2013, S. 101).

Künftige Umsetzungen und Handlungen werden durch diese Beratungstechnik vorbereitet.

- **Systemische Fragestellungen**

Der systemische Beratungsansatz beschäftigt sich mit der Ziel-, Lösungs- und Ressourcenorientierung. Dies wird in der Fachliteratur von MIGGE (vgl. 2005) und RADATZ (vgl. 2006) deutlich. In der Publikation von BORNEMANN (vgl. 2014) wird die systemische Perspektive in der Ernährungsberatung näher vermittelt. Da sich eine nachhaltige Ernährungsberatung auf Ressourcen und Lösungen fokussiert, ist die Verknüpfung der ernährungsmedizinischen, psychischen, sozialen und verhaltenswissenschaftlichen Bereiche essentiell (vgl. BORNEMANN 2014, S. 44). Die Ernährungsberatung bzw. die ernährungsmedizinische Beratung orientiert sich an Zielen, Lösungen und auch Ressourcen und setzt dafür systemisches Denken ein. Die Methoden des Coachings sind zugleich auch systemische Fragestellungen. MIGGE (vgl. 2005) und RADATZ (vgl. 2006) fassen unterschiedliche systemische Fragetypen zusammen, die im Coaching angewendet werden. Grundsätzlich werden im Coaching vorwiegend offene Fragestellungen formuliert (vgl. RADATZ 2006, S. 172). Neben den offenen Fragen sind auch die hypothetischen Fragen dargestellt; folglich fließen auch sondierende Fertigkeiten in das Coaching mit ein. Abschließend wird das zirkuläre Fragen als die Technik beschrieben, die in systemischen Beratungen eingesetzt wird. Das zirkuläre Fragen bewirkt einen Perspektivenwechsel bei der Klientin bzw. beim Klienten. Aufgrund dieser Fragetechnik kann ein Verständnis für die verschiedenen Anforderungen an die Rollen entstehen, die die Personen in unserem sozialen System einnehmen. Das Einfühlen in die Personen wird begünstigt, was auch als Empathie beschrieben wird (vgl. MIGGE 2005, S. 33). Im Wesentlichen sollen sich die systemischen Fragestellungen an den Zielen, Lösungen wie auch an Ressourcen orientieren, weil dadurch die Denk- und Handlungsprozesse der Klientinnen und Klienten unterstützt und gefördert werden (vgl. RADATZ 2006, S. 185).

2.4.4 Grundhaltungen des therapeutischen Beratens

Die Kongruenz, die unbedingte Wertschätzung wie auch das empathische Verstehen sind die drei wesentlichen Grundhaltungen der Beraterin bzw. des Beraters (vgl. WEINBERGER/LINDNER 2011, S. 50). Die aus der personenzentrierten Beratung resultierenden Haltungen sind wesentliche Bestandteile der zwischenmenschlichen Interaktion. ROGER (vgl. 2012) erklärt, wie wichtig und ausschlaggebend die Beziehung zur Klientin bzw. zum Klienten ist im Hinblick auf Beratungserfolg und Beratungsverlauf. „Für das Gelingen einer Beratung steht die Beziehung zwischen Berater und Klient im Mittelpunkt" (KUGLER 2012, S. 171). Des Weiteren erklärt KUGLER (vgl. 2012, S. 171) die Beziehung zwischen Beraterin bzw. Berater und Klientin bzw. Klient als Grundvoraussetzung für eine Einstellungs- und Verhaltensmodifikation im Beratungsgespräch. Diesbezüglich nennen KUGLER (vgl. 2012), LÜCKERATH/MÜLLER (vgl. 2014) und MISSONI (vgl. 2013) in den publizierten Schriftwerken die Grundhaltungen der therapeutischen Beratung nach ROGER (vgl. 2012) im Kontext der ernährungsmedizinischen Beratungsgespräche. Die beschriebenen Grundelemente des therapeutischen Beratens nach ROGER (vgl. 2012) weisen eine durchgängige Gültigkeit auf, da die drei Grundelemente in den aktuellsten Publikationen wiederzufinden sind. Da MUTZECK (vgl. 2008, S. 97) die Kongruenz, Empathie und Akzeptanz als Elemente der Gesprächsführung als Ausdruck der Grundhaltungen bezeichnet, wird nicht von Grundelementen nach ROGER (vgl. 2012) gesprochen, sondern von der Grundhaltung der Beraterin bzw. des Beraters. Im Kompetenzerwerb sollen die Absolventinnen und Absolventen des Bachelor-Studienganges Diätologie die Grundregeln der Gesprächsführung lernen. Inbegriffen ist die Aneignung der Grundhaltungen des personen- bzw. klientenzentrierten Ansatzes der Gesprächsführung. Da diese Grundhaltungen in der FH-MTD-Ausbildungsverordnung (vgl. § 2 Abs. 8 FH-MTD-AV) in Bezug auf die sozialkommunikativen Kompetenzen und Selbstkompetenzen dargelegt werden, zählen diese zu den Beratungskompetenzen dazu. Neben den genannten Grundhaltungen führen LÜCKERATH und MÜLLER (vgl. 2014, S. 64) darüber hinaus auch die Objektivität an, die zum klientenzentrierten Ansatz dazuzählt. Die Abbildung 8 zeigt die vier Voraussetzungen im Zusammenhang mit dem klientenzentrierten Beratungsgespräch.

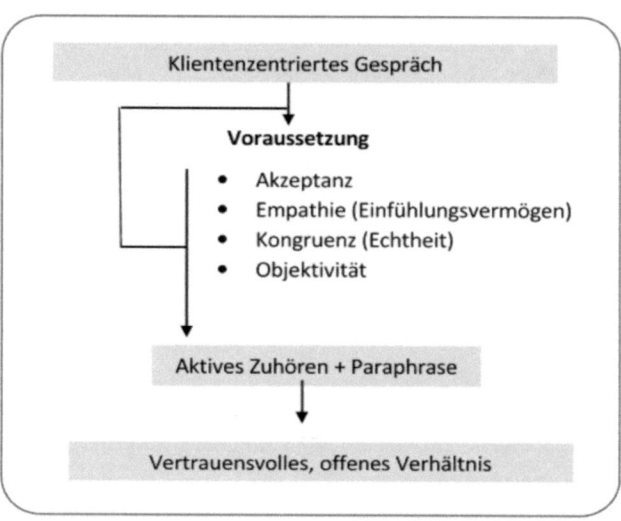

Abbildung 7: Voraussetzungen des klientenzentrierten Beratungsgesprächs (LÜCKERATH/MÜLLER 2014, S. 65).

Die Kongruenz, die auch als Authentizität erläutert wird, wurde von ROGER (vgl. 2012, S. 213) als die Übereinstimmung mit sich selbst definiert. Die Förderung und Weiterentwicklung der Klientin bzw. des Klienten werden begünstigt, wenn die Therapeutin bzw. der Therapeut in der zwischenmenschlichen Beziehung authentisch wirkt. Daraus ableitend beschreibt die Authentizität das bewusste Wahrnehmen der Gefühle und der Erfahrungen wie auch das angemessene Kommunizieren des Erlebten im Kontakt zum Menschen. Die Klientinnen und Klienten zu akzeptieren und anzuerkennen wird von WEINBERGER und LINDNER (vgl. 2011, S. 50) als unbedingte Wertschätzung bzw. positive Wertschätzung beschrieben. Die individuelle Persönlichkeit zu achten, zu respektieren und zu akzeptieren wird von ROGER (vgl. 2012, S. 218) als Wertschätzung ausgelegt, indem die Klientinnen und Klienten wahrgenommen werden, ohne dass die Meinungen geteilt und die Handlungen gebilligt werden müssen. Hierbei zielt die Wertschätzung auf eine Offenheit im Umgang mit den Eindrücken und Gefühlen hin, die im Gespräch entstehen können. Denn die Person sollte respektiert und geachtet werden, unabhängig von ihrem Verhalten. Dies verhindert eine Manipulation und Kontrolle der Klientinnen und der Klienten im Beratungsgespräch. Ratschläge und Wertehaltungen werden von der Beraterin bzw. vom Berater nicht aufgedrängt. MUTZECK (vgl. 2008) gibt eine treffende Erläuterung der Akzeptanz im Beratungskontext:

„Akzeptanz schließt das Offensein gegenüber Gefühlen, Gedanken, Vorstellungen und Phantasien des Gesprächspartners und das Annehmen derselben ein" (MUTZECK 2008, S. 98).

Das empathische Verstehen wird in der Literatur auch als einfühlendes Verstehen erörtert. MUTZECK (2008, S. 98) beschreibt das empathische Verstehen wie folgt: „Empathie meint die Fähigkeit, sich in andere einzufühlen ohne zu urteilen." Auch ROGER (vgl. 2012, S. 216) versteht Empathie als einfühlendes Verstehen: „Die innere Welt des Klienten mit ihren ganz persönlichen Bedeutungen so zu verspüren, als wäre sie die eigene" (ROGER 2012, S. 216). Zusammenfassend wird die Empathie als die Fähigkeit beschrieben, sich in das Fühlen und Denken der Personen hineinzuversetzen.

Die objektive Perspektive der Diätologin bzw. des Diätologen erleichtert einen Blick auf die Grundproblematik. Das kann durch eine gegebene Objektivität gewährleistet werden. LÜCKERATH und MÜLLER (vgl. 2014, S. 64) begründen dies durch die Annahme, dass Klientinnen und Klienten in Ihren Erfahrungen, Ernährungs- und Lebensstilgewohnheiten oftmals festgelegt sind. Eine außenstehende Person kann durch einen ausschlaggebenden Umbruch eine Veränderung der Ernährungs- bzw. Lebensweise der Klientinnen und Klienten bewirken.

Die Grundhaltungen der Diätologin bzw. des Diätologen zielen auf ein offenes und vertrauensvolles Verhältnis zur Klientel ab. Somit sind die Grundhaltungen Kongruenz, positive Wertschätzung, Empathie und Objektivität essentiell für die Entstehung einer fundierten Beziehungsebene und Entwicklung einer Vertrauensbasis. Damit es gelingt, eine offene und vertrauensvolle Beziehung aufzubauen, sind darüber hinaus Offenheit, Sicherheit und ein angenehmes Nähe-Distanz-Verhältnis im Beratungsgespräch zu gewährleisten. Dies wird im nächsten Kapitel beschrieben und ist im Zusammenhang mit den Grundhaltungen der Beraterin bzw. des Beraters zu sehen.

2.4.5 Fähigkeit zum Aufbau einer Beziehungsebene

In der Durchführung der ernährungsmedizinischen Beratungsgespräche wird eine Vertrauensbasis zu den Klientinnen und Klienten geschaffen (vgl. § 2 Abs. 8 FH-MTD-AV). Der Aufbau eines Vertrauensverhältnisses zur Klientin bzw. zum Klienten bildet die Grundlage für das therapeutische Arbeiten. Die grundlegenden Voraussetzungen eines Vertrauensverhältnisses sind laut MUTZECK (vgl. 2008, S. 73) Offenheit, Sicherheit und ein angenehmes Nähe-Distanz-Verhältnis. Im weiteren Verlauf werden diese Grundlagen hinsichtlich der Beratungssituation aufgezeigt. Eine Vertrauensbasis kann sich entwickeln, wenn die Grundlage im zwischenmenschlichen Umgang aus Offenheit, Sicherheit bzw.

Verlässlichkeit besteht. Hierfür hat die Beraterin bzw. der Berater mit einer Vorbildfunktion vorzuleben, wie ein offener und verlässlicher Umgang auszusehen hat (vgl. MUTZECK 2008, S. 75). Sowohl die Offenheit im zwischenmenschlichen Umgang ist hiermit gemeint als auch die Transparenz und die Offenlegung der relevanten Informationen. Es bedarf einer kulturell-ethischen Offenheit der Diätologinnen und der Diätologen, um die Lebensweisen, Wertvorstellungen wie auch Bedürfnisse der Klientinnen und Klienten berücksichtigen zu können (vgl. § 2 Abs. 4 FH-MTD-AV). Dabei legt die Beraterin bzw. der Berater die Zielvorstellungen und die geplanten Vorgehensschritte offen und enthält keine Aspekte vor, die wesentlich für den Beratungskontext sind. Neben dieser Offenlegung sollte die Möglichkeit gegeben werden, als relevant eingestufte Informationen und Fragen zu kommunizieren (vgl. MUTZECK 2008, S. 73 f.). Das setzt eine Sicherheit voraus, relevant eingestufte Informationen in Beratungssituationen zu schützen. MUTZECK (vgl. 2008, S. 74) beschreibt, dass bezüglich der Frage des Gebrauchs und der Offenlegung der erhaltenen Informationen die Schweigepflicht einzuhalten ist. Die Diätologin bzw. der Diätologe ist somit gesetzlich an die Verschwiegenheitsplicht gebunden. Das wird durch die folgende Aussage gestützt:

„Angehörige der gehobenen medizinisch-technischen Dienste sind zur Verschwiegenheit über alle ihnen in Ausübung ihres Berufes anvertrauten oder bekannt gewordenen Geheimnisse verpflichtet" (MTD-GESETZ § 11c).

Die gesetzlichen Bestimmungen begünstigen eine Offenheit und fördern den Aufbau einer Vertrauensbasis in klientenzentrierten Beratungsgesprächen.

Das Nähe-Distanz-Verhältnis, welches von MUTZECK (2008, S. 74) angesprochen wird, beschreiben KELLER und THIELE (vgl. 2004, S. 73 ff.) in Form von Distanzzonen und der sogenannten Proxemik. Diese beschreibt den Abstand, den Menschen in der zwischenmenschlichen Interaktion zueinander aufweisen:

„Diese Abstände werden meist unterbewusst gewählt und sind abhängig vom jeweiligen Gesprächspartner, der Situation und der momentanen Stimmung, in der wir uns befinden, aber auch vom Kulturkreis, der ethnischen Zugehörigkeit, der sozialen Schicht, dem Alter und dem Geschlecht" (KELLER/THIELE 2004, S. 73).

Dieses Verhältnis zu Nähe und Distanz zwischen den Menschen unterliegt einer nonverbalen Übereinkunft. Stimmt das Verhältnis nicht überein, führt das zu einer gestörten Gesprächsatmosphäre. Daraus resultiert die Wichtigkeit, den persönlichen Raum im Beratungsgespräch wahrzunehmen und zu berücksichtigen (vgl. KELLER/THIELE 2004, S. 73). Im Beratungskontext existieren 4 verschiedene Distanzzonen, die abhängig von den Persönlichkeitsmerkmalen variieren können. Introvertierte Personen benötigen eine größere Distanzzone als extrovertierte Personen. Unter den Distanzzonen wird die Intimzone, die persönliche Zone, die soziale Zone und als den äußersten Kreis die öffentliche Zone dazugezählt. Die Intimzone repräsentiert die Distanz, die Personen gegenüber Partnern und Partnerinnen, der Familie und eng befreundeten Menschen aufweisen (vgl. KELLER/THIELE 2004, S. 75 f.). „Jemand, der die Intimzone eines Menschen missachtet, verletzt damit auch diese Person" (KELLER/THIELE 2004, S. 77). Die persönliche Zone hingegen ist die Distanz, die in Beratungssituationen eingehalten werden sollte. „Dieser Abstand ist auch optimal für Beratungsgespräche in der Diät-/Ernährungsberatung geeignet" (KELLER/THIELE 2004, S. 78). Die in den Distanzzonen aufgezeigte soziale Distanz ist für Gruppenberatungen, Seminare und Schulungen einzuhalten. Die soziale Zone verkörpert einen weniger verbindlichen und oberflächlicheren Kontakt (vgl. KELLER/THIELE 2004, S. 81). Die Entscheidung und die Gestaltung in Bezug auf das Nähe- und Distanzverhältnis in Beratungssituationen sollten individuell definiert werden, da dies den Aufbau und die Entwicklung der Vertrauensbasis mitbeeinflusst. Überschreitet die Beraterin bzw. der Berater die persönliche Zone und nimmt die Grenzen der Intimzone nicht wahr, bewirkt dies eine Irritation in der zwischenmenschlichen Interaktion. „So sind Nähe und Distanz eine weitere grundlegende Basis für Vertrauen" (MUTZECK 2008, S. 75). Vertrauen ist absolute Grundlage für die zwischenmenschliche Interaktion, wie sie in Beratungsgesprächen vorzufinden ist (vgl. MUTZECK 2008, S. 79).

2.4.6 Übersicht der diätologischen Beratungskompetenzen

Aus dem Wort Beratungskompetenzen geht die Begrifflichkeit Kompetenzen hervor. In der Berufs- und Bildungspädagogik unterliegt der Begriff Kompetenz einer regen Diskussion. Durch die Quellenbezüge des DEUTSCHEN BILDUNGSRATES (vgl. 1974), des EUROPÄISCHEN PARLAMENTS und des RATES (vgl. 2008) wie auch durch die Autoren HEYSE und ERPENBECK (vgl. 2007) wurde der Begriff Kompetenzen definiert. Kompetenzen sind ein Zusammenschluss aus Fertigkeiten, Fähigkeiten und Kenntnissen. Dadurch erhält der Kompetenzbegriff einen übergeordneten Stellenwert. Eine definitorische Klärung des Begriffes wurde vorgenommen, da die dies für die weiterführende Beschreibung der Beratungskompetenzen wesentlich ist. Der Überblick der diätologischen Beratungskompetenzen repräsentiert die Zusammenfassung und die Gliederung des erarbeiteten Kapitels. Auf Grundlage der FH-MTD-AUSBILDUNGSVERORDNUNG (vgl. § 2 FH-MTD-AV) ist im fachspezifischen Bereich der Diätologie der Erwerb der fachlich-methodischen Kompetenzen, der sozialkommunikativen Kompetenzen, der Selbstkompetenzen und wissenschaftlichen Kompetenzen geregelt. Die explizite Differenzierung zwischen den beruflichen Handlungskompetenzen und den Beratungskompetenzen fehlt in der FH-MTD-AUSBILDUNGSVERORDNUNG (vgl. § 2 FH-MTD-AV). Auf der Grundlage der curricularen Inhalte der Bachelor-Studiengänge des Studienzweiges Diätologie, der FH-MTD-

AUSBILDUNGSVERORDNUNG (vgl. § 2 FH-MTD-AV) wie auch durch die einschlägige Fachliteratur wurden die Beratungskompetenzen erfasst. Diese Herausarbeitung war nur möglich durch die Zusammenführung und die Vernetzung mehrerer Publikationen und Schriftwerke. Die Beratungskompetenzen beinhalten die fachlich-methodischen Kompetenzen, sozialkommunikativen Kompetenzen wie auch die Selbstkompetenzen. Unter den Beratungskompetenzen lassen sich das Fachwissen, die Beratungsfertigkeiten und -fähigkeiten zusammenfassen. Bezüglich der fachlich-methodischen Kompetenzen werden die Handlungen und Fertigkeiten beschrieben, die die Absolventinnen und Absolventen nach erfolgreichem Abschluss des Bachelor-Studienganges Diätologie erfüllen bzw. umsetzen können. Dabei ist nicht zu erkennen, welche Handlungen und Fertigkeiten die Beratungskompetenzen repräsentieren. Insbesondere hinsichtlich der fachlich-methodischen Kompetenzen wurden Fachliteraturbezüge von LÜCKERATH und MÜLLER (vgl. 2014), PFÄFFLI (vgl. 2005) und WALTER (vgl. 2011) herangezogen, um die Beratungskompetenzen herausarbeiten zu können. Die fachlich-methodischen Kompetenzen beinhalten das ernährungsmedizinische Fachwissen, das aus der Verknüpfung von Ernährungsmedizin, Ernährungswissenschaft, Diätetik, Lebensmittelkunde, Koch- und Küchentechnik entsteht. Das fundierte Fachwissen wird in der Beratung benötigt. Darüber hinaus verfügen Diätologinnen und Diätologen über ernährungsmedizinisches Fachwissen und über die Fähigkeit, die Ernährungsberatung bzw. ernährungsmedizinische Beratung wissensbasiert und systematisch durchzuführen. Die Ergebnisse und die Erfolge werden in der Ernährungsberatung bzw. in der ernährungsmedizinischen Beratung wissensbezogen beurteilt und evaluiert, um eine Wissenserweiterung und Vertiefung der Kenntnisse zu erzielen. Aufgrund der definitorischen Beschreibung der fachlichen Kompetenz von PFÄFFLI (vgl. 2005, S. 63) wurde dies auf den diätologischen Kontext bezogen. Bezüglich der methodischen Kompetenz verfügen Diätologinnen und Diätologen über die Fähigkeit, den Beratungsprozess ziel- und lösungsorientiert durchzuführen, indem Beratungstechniken und -methoden systematisch angewendet werden. Hierbei werden angeeignete kognitive Denkprozesse und Arbeitsabläufe eigenverantwortlich bestimmt, umgesetzt und adaptiert (vgl. PFÄFFLI 2005, S. 63). Zusammengefasst sind Diätologinnen und Diätologen mit fundiertem ernährungsmedizinischem Wissen sowie Wissen über Beratungstechniken und Beratungsfertigkeiten ausgestattet. Darunter kann das Wissen verstanden werden, das Repertoire an Beratungstechniken und -fertigkeiten zu kennen. Übergreifend berücksichtigen die methodischen Kompetenzen die situative Anwendung, den methodischen Einsatz sowie die angemessene Wahl der Beratungstechniken und -fertigkeiten im Beratungsprozess. Im Hinblick auf die eigenverantwortliche Durchführung der Ernährungsberatung und der Ernährungstherapie wird anhand der FH-MTD-AUSBILDUNGSVERORDNUNG (vgl. § 2 FH-MTD-AV) und der Fachliteratur von LÜCKERATH und MÜLLER (vgl. 2014) herausgearbeitet, dass Diätologinnen und Diätologen Entscheidungsfähigkeit und Eigenverantwortlichkeit beweisen müssen. Des Weiteren zählen zur fachlich-methodischen Kompetenz die Lösungsorientiertheit und die Fähigkeit zur Problemlösefähigkeit, die in Beratungsgesprächen im fachspezifischen Bereich der Diätologie gefordert sind. Die Gesprächsführungskompetenz bildet eine übergreifende Kompetenz in der Durchführung der Ernährungsberatung und der ernährungsmedizinischen Beratung. Sowohl die Kenntnisse, über das Repertoire an Beratungstechniken und -fertigkeiten zu verfügen, als auch die Fähigkeit, das Beratungsgespräch lösungsorientiert und eigenverantwortlich durchzuführen, zählen zur Gesprächsführungskompetenz. Der Beratungsprozess, wie im Kapitel 2.3.3 dargelegt, stellt die inhaltliche Struktur des Beratungsverlaufes dar und bietet einen Einblick in die Fähigkeit, ein Beratungsgespräch aufzubauen und zu führen. In der Durchführung der Ernährungsberatung und der ernährungsmedizinischen Beratung werden Entscheidungen im Rahmen des klientenzentrierten Beratungsgesprächs getroffen. Diesbezüglich ist die Entscheidungsfähigkeit eine Beratungskompetenz.

Im Hinblick auf die Auslegung der sozialkommunikativen Kompetenzen und Selbstkompetenzen der FH-MTD-AUSBILDUNGSVERORDNUNG (vgl. § 2 Abs. 4 FH-MTD-AV) ist zu erkennen, dass eine Aneinanderreihung der Fähigkeiten und Fertigkeiten vorgenommen wurde. Des Weiteren wurde beschrieben, welche Handlungen, Fähigkeiten und Fertigkeiten die Absolventinnen und Absolventen nach Abschluss des Bachelor-Studienganges Diätologie erfüllen können. Die Beratungskompetenzen wurden hierbei nicht explizit genannt. Um auch diese Problematik in der Differenzierung der Beratungskompetenzen zu bewältigen, wurden die veröffentlichten Inhalte des Bachelor-Studienganges der Diätologie herangezogen, um die Differenzierung der sozialkommunikativen Kompetenzen und Selbstkompetenzen vorzunehmen. Die Konkretisierung der sozialkommunikativen Kompetenzen und der Selbstkompetenzen wurde durch die Literaturquellen von LÜCKERATH und MÜLLER (vgl. 2014), WALTER (vgl. 2011), HAUSER (vgl. 2012) und KUGLER (vgl. 2012) belegt. Darüber hinaus wurde eine Differenzierung der sozialkommunikativen Kompetenzen und der Selbstkompetenzen vorgenommen. Unter den sozialkommunikativen Kompetenzen wurde die Kommunikationsfähigkeit beschrieben und erörtert. Die Fähigkeit, Empathie, Wertschätzung, Toleranz und Akzeptanz zu zeigen und zu vermittelt, gehört den sozialkommunikativen Kompetenzen an. Zu den sozialkommunikativen Beratungskompetenzen werden die Beratungstechniken gezählt. Beratungstechniken und Beratungsfertigkeiten sind Synonyme, da die Begrifflichkeiten für denselben Kontext im Bereich der Beratung verwendet werden. Um einen Überblick zu gewährleisten, wurden die wesentlichen Beratungstechniken dargestellt:

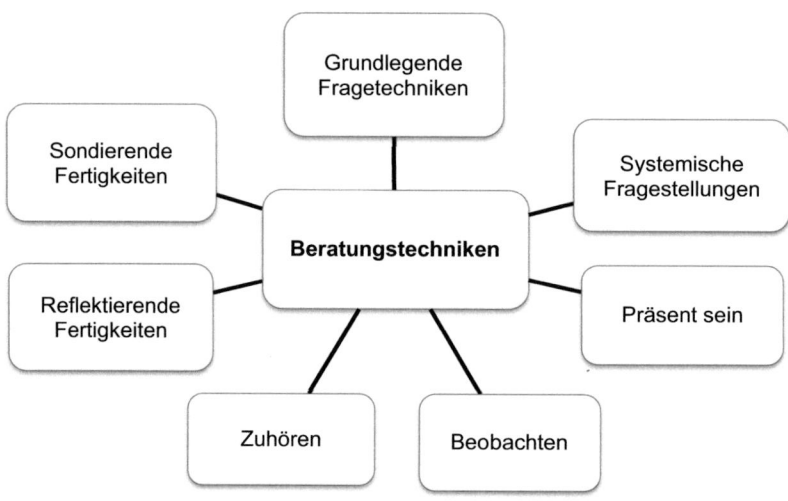

Abbildung 8: Die Beratungstechniken (Quelle: eigene Darstellung).

In der FH-MTD-AUSBILDUNGSVERORDNUNG (vgl. § 2 Abs. 8 FH-MTD-AV) ist keine klare Trennung zwischen sozialkommunikativen Kompetenzen und Selbstkompetenzen sichtbar. Unter Selbstkompetenz werden gemäß der Erkenntnisse aus der Literatur die Fähigkeit zur Kongruenz, das professionelle Selbstverständnis in der Berufsausübung, die Rollendistanz, die Selbstreflexionsfähigkeit und die Frustrationstoleranz zusammengefasst. Der deutsche Qualifikationsrahmen für lebenslanges Lernen (vgl. GNAHS 2010, S. 7) definiert Selbstkompetenz als Fähigkeit und Bereitschaft, selbstständig und verantwortlich zu handeln, eigenes und das Handeln anderer zu reflektieren und die eigene Handlungsfähigkeit weiterzuentwickeln. GILLEN (vgl. 2007, S. 8) berücksichtigt darüber hinaus die Bereitschaft und die Fähigkeit die eigene Entwicklung zu reflektieren sowie in Bindung an individuelle wie auch gesellschaftliche Wertvorstellungen weiter zu entfalten. Die Selbstreflexionsfähigkeit und das professionelle Selbstverständnis in der Berufsausübung zeigen sich im Einschätzen der eigenen Fähigkeiten bezüglich fachlicher, organisatorischer sowie administrativer Berufsanforderungen (vgl. § 2 Abs. 8 FH-MTD-AV). Die Reflexion des beruflichen Handelns dient der Weiterentwicklung der Beratungskompetenzen der Diätologin bzw. des Diätologen. Die Selbstreflexionsfähigkeit bezieht sich auf die Eigenreflexion des beruflichen Handelns. Die Evaluation und Reflexion erfordern das Einbeziehen neuster wissenschaftlicher Erkenntnisse und erhöhen somit die Qualität und die Weiterentwicklung des Berufsstandes (vgl. HOFBAUER u.a. 2011, S. 19).

Die unklare Abgrenzung zwischen sozialkommunikativen Kompetenzen und Selbstkompetenzen wird hinsichtlich der Zuordnung der Grundhaltungen des therapeutischen Arbeitens sichtbar. Die Beratungsfertigkeiten vermitteln in den Beratungsgesprächen die Grundhaltungen der Beraterin bzw. des Beraters. Zu den wesentlichen Grundhaltungen des therapeutischen Beratens zählen Empathie, Wertschätzung, Kongruenz wie auch Objektivität. Durch das Zuhören sowie durch reflektierende Fertigkeiten wird Empathie gegenüber der Klientin bzw. dem Klienten gezeigt. Insbesondere in der Formulierung der offenen Fragestellung werden der Klientin bzw. dem Klienten Wertschätzung und das Gefühl von Gleichberechtigung vermittelt (vgl. BRUNNER 2015, S. 18). Die Kongruenz wird sichtbar, wenn die kommunizierten Beratungsinhalte und die gestellten Fragen mit der Körpersprache der Beraterin bzw. des Beraters übereinstimmen. Die Objektivität zu gewährleisten bedeutet, sich auf die vermittelten Informationen und Fakten zu beziehen. Dies kann erreicht werden, indem die wesentlichen Inhalte durch das Zusammenfassen, Paraphrasieren oder auch durch das Wiederholen festgehalten werden. Sowohl die aufgezählten reflektierenden Fertigkeiten als auch das Konkretisieren gewährleisten die Objektivität der Beraterin bzw. des Beraters. Des Weiteren sind die Grundhaltungen des therapeutischen Beratens eng mit der Fähigkeit verbunden, eine Vertrauensbasis zur Klientin bzw. zum Klienten aufzubauen. Auch die Grundhaltungen des therapeutischen Beratens fördern eine offene und vertrauensvolle Zusammenarbeit. Offenheit, Sicherheit wie auch ein angenehmes Nähe-Distanz-Verhältnis fördern den Aufbau einer vertrauensvollen Beziehungsebene mit der Klientin bzw. dem Klienten.

Die folgende Tabelle gibt einen Überblick über die Beratungskompetenzen die im Rahmen des Studienzweiges Diätologie erworben werden:

Fachlich-methodische Kompetenzen
• Ernährungsmedizinisches Fachwissen • Fähigkeit zum vernetzten Denken • Eigenverantwortlichkeit und Entscheidungsfähigkeit • Lösungsorientiertheit und Problemlösungsfähigkeit • Gesprächsführungskompetenz
Sozialkommunikative Kompetenzen
• Kommunikationsfähigkeit • Fähigkeit zur Empathie und Wertschätzung
Selbstkompetenzen
• Selbstreflexionsfähigkeit • Fähigkeit zur Kongruenz • Frustrationstoleranz • Rollendistanz

Tabelle 1: Die Beratungskompetenzen (Quelle: eigene Darstellung).

Bezüglich Kompetenzen werden von PFÄFFLI (vgl. 2005, S. 62 f.) Fähigkeiten, Fertigkeiten und Wissen in einen Zusammenhang gebracht. Dies wird auch von HEYSE und GIGER (vgl. 2015, S. 11) so vermittelt. Die Beratungskompetenzen repräsentieren die Fertigkeiten, die Fähigkeiten und das Wissen einer Diätologin bzw. eines Diätologen. Deshalb wurden sowohl die übergeordneten Beratungskompetenzen definiert und beschrieben als auch die Beratungsfähigkeiten und Beratungsfertigkeiten konkretisiert und erklärt. Unter den fachlich-methodischen, sozialkommunikativen Kompetenzen wie auch den Selbstkompetenzen wurden für das jeweilige Kompetenzfeld die beratungsspezifischen Fähigkeiten und Fertigkeiten dargelegt. Die Erfassung und Erarbeitung der diätologischen Beratungskompetenzen stellen ein Ziel dieser Arbeit dar.

3 Hochschuldidaktische Empfehlungen

Im Rahmen dieses Kapitels werden hochschuldidaktische Empfehlungen konzipiert. Ziel dieser Arbeit ist es, hochschuldidaktische Empfehlungen zu formulieren, die zum Aufbau eines Beratungskompetenzmodells im Bachelor-Studiengang Diätologie herangezogen werden können. Die Entwicklung, die Erweiterung und die Vertiefung der Beratungskompetenzen der Studierenden im Bachelor-Studiengang Diätologie repräsentieren einen wesentlichen Schwerpunkt in der Hochschullehre. Ein didaktisch und methodisch aufgebautes Modell zur Entwicklung, Erweiterung und Vertiefung der Beratungskompetenzen kann eine Antwort im Hinblick auf dieses zentrale Bildungsziel sein.

Theoretische Modelle und Konzepte sind in einer Vielzahl der literarischen Werke wiederzufinden. NICKOLAUS (vgl. 2012), TERHART (vgl. 2009), OELKE und MEYER (vgl. 2013) stellen exemplarisch die verschiedenen didaktischen und methodologisch aufgebauten Modelle und Konzepte dar. ROTH (vgl. 2011, S. 16) fasst zusammen, die Experten selbst würden diese didaktischen und methodischen Modelle und Konzepte für die hochschuldidaktische Praxis als wenig fördernd und unterstützend ansehen. Wissenschaftlich gesicherten Erkenntnisse und Fakten seien nicht ausreichend in die didaktischen Modelle und Konzepte integriert. Daher plädiert ROTH (vgl. 2011, S. 25) dafür, dass die wissenschaftlich gesicherten Erkenntnisse aus der Neurobiologie und Psychologie in die Konzepte des Lehrens und Lernens aufgenommen werden müssten.

Die auf Hochschulebene formulierten didaktischen Empfehlungen geben für Lehrpersonen und Studierende eine praktische und nachvollziehbare Handlungsorientierung. Die Didaktik wird von OELKE und MEYER (vgl. 2013, S. 18) als Handlungswissenschaft ausgelegt und hat die Funktion, Handlungsorientierung in der Lehre zu bieten. Die hochschuldidaktischen Empfehlungen involvieren didaktische Konzepte und Theorien. Daraus folgernd werden vier didaktische Prinzipien der Handlungsorientierung berücksichtigt:

- Realitätsorientierung
- Handlungsorientierung
- Wissenschaftsorientierung
- Persönlichkeitsorientierung.

Die genannten vier didaktischen Prinzipien von OELKE und MEYER (vgl. 2013, S. 19) werden theoriegeleitet begründet und in den hochschuldidaktischen Empfehlungen berücksichtigt.

3.1 Konstruktivistischer Ansatz und Neurodidaktik

Der Konstruktivismus wird als eine Erkenntnistheorie verstanden. Offensichtlich wird der konstruktivistische Ansatz in unterschiedlichen Fachdisziplinen philosophisch und erkenntnistheoretisch diskutiert (vgl. OELKE/MEYER 2013, S. 113 ff.). TERHART (vgl. 2009, S. 144) bezeichnet die konstruktivistische Didaktik als einen etablierten Ansatz in der Didaktik. Interaktionsorientierte Unterrichtsformen sowie erfahrungs- und handlungsorientierte Konzepte sind neue konstruktivistische Lehr- und Lernformen. Ausschlaggebend für den konstruktivistischen Ansatz ist die Annahme, dass alles Wissen konstruiert ist. Der Mensch baut sich ein Wissenskonstrukt auf durch Erfahrungen und Eindrücke. Das Wissen kann sich somit nur an Wissen abgleichen lassen. Das Wissen, welches konstruiert und aufgebaut wird, verändert sich in der Auseinandersetzung mit der Umwelt (vgl. OELKE/MEYER 2013, S. 116). Als Exempel wird ein interaktions-, erfahrungs- und handlungsorientiertes Lehr-Lernkonzept angeführt. Das Berner Modell für professionelle Kommunikation basiert auf den konstruktivistischen Ansatz und ermöglicht das Üben und das Wiederholen unterschiedlicher realitätsnaher Beratungssituationen (vgl. DIVIANI u.a. 2012, S. 29). Zur Verknüpfung der theoretischen Inhalte mit der Praxis werden diese Trainingseinheiten mit den Studierenden durchgeführt. Im Kontext der Entwicklung, Erweiterung und Vertiefung der Beratungskompetenzen fließt die formale wie auch die materiale Bildungstheorie mit ein. Daraus resultiert eine differenzierte Betrachtung der formalen und materialen Bildungstheorie nach KLAFKI (vgl. 1957). Um dahingehend ein konkretes Verständnis für diese Aussage zu entwickeln, werden die materiale und die formale Bildungstheorie beschrieben. Die materiale Bildungstheorie verkörpert die Frage, welchen Sachverhalt Studierende lernen, erfahren und wissen sollten im Hinblick auf die berufliche Wirklichkeit. Hierbei fokussiert sich die materiale Bildungstheorie auf die Bildungsinhalte, die vermittelt werden sollten. Im Hinblick auf die formale Bildungstheorie liegt der Fokus auf den Studierenden. Hier wird hinterfragt, welche Handlungen, Haltungen, Methoden und Kompetenzen der Mensch benötigt, um in beruflichen Situationen handlungs- und entscheidungsfähig zu werden wie auch zu bleiben (vgl. OELKE/MEYER 2013, S. 57). Die didaktischen Perspektiven der formalen und der materialen Bildung stehen sich konträr gegenüber. Dabei entsteht der Versuch, die materiale Bildung mit der formalen Bildung zu verknüpfen. Denn ausschließlich mit einem enzyklopädischen Wissen ausgestattet zu sein führt nicht zu einem gereiften und kompetenten Menschen (vgl. WEINERT u.a. 1977, S. 690). Wissen ist ein bedeutsamer Bestandteil der Kompetenzen (vgl. PFÄFFLI 2005, S. 81). In der Hochschuldidaktik fungiert somit Wissen als Fundament wie auch als Bestandteil jeglicher Handlungskompetenzen. Kompetenzen werden als ein Bündel aus Wissen, Fähigkeiten und Fertigkeiten zusammengefasst (vgl. EUROPÄISCHES PARLAMENT/RAT 2008, S. 5 f.). Die materiale Bildung ist somit verbunden mit der formalen Bildung. Die hochschuldidaktischen Empfehlungen zum Aufbau eines Beratungskompetenzmodells berücksichtigen die Verbindung der materialen Bildung mit der formalen Bildung.

Die Neurodidaktik wird von ROTH (vgl. 2011, S. 273) als pädagogische Neurobiologie in seinem literarischen Werk bezeichnet. Die neurowissenschaftlicher Erkenntnisse wurden herangezogen, um die Pädagogik und die Didaktik im Bildungswesen zu optimieren. Des Weiteren resultierten daraus erarbeitete neurodidaktische Konzepte von Didaktikerinnen und Didaktiker. Das umfangreiche Repertoire an Erkenntnissen zu kognitiven und emotional-motivationalen Bedingungen für das Lehren und Lernen wurden laut ROTH (vgl. 2011, S. 274) vorwiegend aus der Fachrichtung Psychologie und Neuropsychologie herausgearbeitet. Hierbei wurden neurobiologisch fundierte Forschungsergebnisse nicht ausreichend in der Formulierung der kognitiven und emotional-motivationalen Bedingungen für das Lehren und Lernen berücksichtigt. Somit beruhen wenige pädagogische Erkenntnisse zum Lehren und Lernen nicht auf Grundlage neurobiologischer Forschungsresultate. Kritisch zu betrachten sind die neurobiologischen Erkenntnisse, die oftmals allgemein gehalten werden, da diese nicht unter realistischen schulischen Lehr-Lernarragements gewonnen wurden. Diesbezüglich arbeitete die Neurobiologie mit der Psychologie zusammen, um die psychologischen und neuropsychologischen Resultate naturwissenschaftlich fundieren zu können (vgl. ROTH 2011, S. 274 ff.). Folgendes Zitat beschreibt diesen Zusammenhang:

„Die neurobiologische Forschung trägt viel zum Verständnis der Voraussetzung und Bedingungen von Lehren und Lernen bei […]. Eine Bedeutung für den Unterricht erhalten aber derartige Forschungsergebnisse nur im Zusammenhang mit Forschungsergebnissen von Psychologen und sonstigen Lehr- und Lernforschern sowie mit den Einsichten der Schulpraktiker" (ROTH 2011, S. 277).

Neurodidaktische Erörterungen werden von TERHART (vgl. 1999), OELKE und MEYER (vgl. 2013) in Bezug zum Konstruktivismus gesetzt und stellen daher auch die enge Verknüpfung der beiden Ansätze dar. Die Neurodidaktik, die die gehirnpsychologischen Ansätze und die kognitionswissenschaftlichen Erkenntnisse miteinbezieht, gründet sich auf den Konstruktivismus (vgl. TERHART 1999, S. 632). Die Neurodidaktik repräsentiert Umsetzungsmöglichkeiten in der Lehre, die sich mit Erkenntnissen der empirischen Forschung des gehirngerechten Lernens begründen lassen (vgl. TERHART 2009, S. 152). Offenbar sind die neurodidaktischen Empfehlungen von einer reformpädagogischen Allgemeingültigkeit geprägt, die ein genaues Verständnis für die Umsetzung des gehirngerechten Lehrens und Lernens nicht geben können (vgl. ROTH 2011, S. 281). ROTH (vgl. 2011, S. 281 f.) führt explizit Beispiele auf, die diese Allgemeingültigkeit stützen können. Diesbezüglich wurden aus dem Fundus an neurobiologischen Kenntnissen Aussagen ausgewählt, die sich in der Formulierung der hochschuldidaktischen Empfehlungen begründen lassen. Folgende Aspekte wurden aus der Auflistung an neurodidaktischen Aussagen von TERHART (vgl. 2009, S. 152 f.) gewählt:

- Die Voraussetzung, aufmerksam und konzentriert sein zu können, ist grundlegend für das Lernen.
- Die Aufnahme und die Weiterleitung von Informationen orientieren sich an Wissensstrukturen und Erfahrungen, die bereits erworben und durchlebt wurden.
- Das Lernen wird gefördert, wenn die Sinnhaftigkeit und der Nutzen daraus für Studierende erkennbar werden.
- Der Lernprozess unterliegt einem Rhythmus des Verstehens und der Festigung des Wissens durch Pausen.
- Das Lernen wird begünstigt, indem mehrere Sinneskanäle angesprochen werden.
- Das Lernen begünstigt eine Veränderung des Wissenskonstrukts im Gehirn und veranlasst eine Verarbeitung und Veränderung des Wissens.
- Das neue Wissen kann besser eingespeichert werden, wenn es unmittelbar wiederholt, trainiert und angewendet wird.
- Das Lernen wird begünstigt, wenn der eigene Lernprozess betrachtet und reflektiert wird. Dadurch soll ein Bewusstsein für das individuelle Lernen geschaffen werden.

Exemplarisch werden Lehr-Lern-Methoden angeführt, die eine enge Verbindung zum gehirngerechten Lernen darstellen können. Das erfahrungsbezogene Lernen, das entdeckende Lernen, das fächerübergreifende Lernen wie auch die Förderung der Eigenverantwortlichkeit und Selbstständigkeit durch handlungsorientiertes Lernen stehen unter einem konstruktivistischen Ansatz (vgl. TERHART 2009, S. 146).

3.2 Zielorientierung in der Hochschuldidaktik

Ziele erfüllen mehrere Funktionen in der Hochschullehre. Die angestrebten Lernergebnisse und die künftigen Lernprozesse können durch die Ziele aufgezeigt werden. „Ein Ziel ist die Beschreibung des gewünschten Ergebnisses eines Lehr-Lern-Prozesses" (JANK/MEYER 2011, S. 51). Die Festlegung der Ziele dient als Orientierungshilfe und zugleich als Arbeitsmittel für Studierende wie auch für Lehrpersonen. Somit erfüllen die Ziele die Funktion, Orientierung für den Lehr-Lern-Prozess zu geben (vgl. PFÄFFLI 2005, S. 78). Die Zielvorstellungen können als Orientierungshilfe dienen, wenn die Ziele transparent an die Studierenden vermittelt werden. PFÄFFLI (vgl. 2005, S. 77) legt dar, dass sich Ziele auf Wissensziele beziehen können wie auch auf Kompetenzziele. Wissensziele formulieren das Lernergebnis, Wissen verstanden zu haben. Allerdings erreichen formulierte Kompetenzziele eine größere Dimension. Durch die Konkretisierung der Kompetenzziele werden sowohl das zu erreichende Wissensniveau als auch die Aneignung bestimmter Fähigkeiten und Fertigkeiten berücksichtigt. Außerdem ist Wissen ein Bestandteil der Kompetenzen und erwirkt eine Verflüssigung der Wissensziele. Daraus ergibt sich eine Tendenz, Kompetenzziele zu präferieren. Im Weiteren wird folgende hochschuldidaktische Empfehlung formuliert: Die Kompetenzziele legen die zu entwickelnden, zu erweiternden und die zu vertiefenden Beratungskompetenzen der Studierenden fest, die im Rahmen des Bachelor-Studienganges Diätologie zu erwerben sind. Die Kompetenzziele definieren die zu erwerbenden Beratungskompetenzen und repräsentieren das angestrebte Kompetenzniveau im Bachelor-Studiengang Diätologie. PFÄFFLI (vgl. 2005, S. 78) erklärt, dass die Ziele in einen direkten Zusammenhang mit den Lernnachweisen gestellt werden sollten. Daraus resultiert, dass die Kompetenzziele einen nachvollziehbaren Bezug zu den Anforderungen der beruflichen Praxis darstellen. Die Durchführung der diätologischen Interventionen repräsentiert den Handlungsschwerpunkt im diätologischen Prozess. Dadurch haben die Entwicklung, die Erweiterung und die Vertiefung der Beratungskompetenzen für die Studierenden eine hohe Signifikanz hinsichtlich des beruflichen Tätigkeitsschwerpunkts. Wenn die Sinnhaftigkeit der festgelegten Kompetenzziele für die Studierenden ersichtlich wird, wirkt sich dies förderlich auf den Lernprozess aus (vgl. TERHART 2009, S. 152). Demzufolge ist für die Studierenden die Sinnhaftigkeit der definierten Kompetenzziele für die Entwicklung, Erweiterung und Vertiefung der Beratungskompetenzen relevant. Die Motive, die Bedürfnisse und die Ziele der Studierenden sind miteinander verbunden. Die persönlichen und beruflichen Ziele resultieren aus den Motiven und den Bedürfnissen der Studierenden. Wenn die Motive kongruent sind mit den Zielen, fördert dies die Verwirklichung der eigenen Bedürfnisse und Erwartungen (vgl. ROTH 2011, S. 90). Eine Übereinstimmung der Motive der Studierenden mit den Kompetenzzielen wirkt sich demnach förderlich auf den Lehr-Lernprozess aus. Des Weiteren verweist TERHART (vgl. 2009, S. 153) darauf, dass das Lernen begünstigt wird, wenn der eigene Lernprozess bewusst wahrgenommen und gelenkt wird. Die Richtschnur eines Lernprozesses beginnt mit der Festlegung der Zielvorstellungen. Im Kommunikationstraining mit professionellen Schauspielerinnen und Schauspielern werden Ziele und die künftigen Schritte zur Erweiterung und Vertiefung der Kompetenzen in der Evaluierung seitens der Studierenden selbst bestimmt (vgl. DIVIANI u.a. 2012). Dadurch fließen die eigenen Motive und Bedürfnisse der Studierenden in die Gestaltung der Kompetenzziele mit ein. JANK und MEYER (vgl. 2011, S. 51 ff.) weisen auf die didaktische und methodische Zusammenwirkung der Ziele, der Methoden und der Inhalte im Unterricht hin. Inhalte sind gemeinsam erzeugte Sinngebungen der Lehrpersonen und der Lernenden (vgl. JANK/MEYER 2011, S. 54). Neben der Konkretisierung der Ziele und der Inhalte wird der

Begriff Methoden aufgegriffen. JANK und MEYER (vgl. 2011, S. 53) beschreiben die Unterrichtsmethoden als eine Herangehensweise, mittels derer Lehrpersonen und Lernende die sie umgebende Wirklichkeit in der Lehre vermitteln und erlernen. Somit sind Ziele, Inhalte und Methoden miteinander verbunden:

„Methoden, Ziele und Inhalte stehen in einem Wechselwirkungsverhältnis. Sie können nicht beliebig kombiniert werden, sondern müssen zueinander passen" (OELKE/MEYER 2013, S. 147).

JANK und MEYER (vgl. 2011) differenzieren die Ziele nicht in Wissens- und Kompetenzziele. In der vermittlungs- und handlungsorientierten Didaktik von PFÄFFLI (vgl. 2005, S. 77 ff.) werden die Ziele im Hinblick auf den Wissensaufbau und die Kompetenzentwicklung gesehen. Mit der Zielorientierung werden Kompetenzziele auf die Lernhandlungen ausgerichtet (vgl. PFÄFFLI 2005, S. 193). Wissen gilt als Bestandteil jeglicher Kompetenz, damit richten sich die Ziele auf die zu erwerbenden Kompetenzen und das erwünschte Kompetenzniveau. Die didaktischen und methodischen Herausforderungen Beratungskompetenzen der Studierenden zu entwickeln, zu erweitern und zu vertiefen gehen über das Verständnis des Wechselwirkungsverhältnisses zwischen Zielen, Methoden und Inhalten nach JANK und MEYER (vgl. 2011) hinaus. Das übergeordnete Ziel orientiert sich an der Entwicklung, Erweiterung und Vertiefung der Beratungskompetenzen im Rahmen des Bachelor-Studienganges Diätologie. Hier stehen die Ziele im Kontext mit dem zu erwartenden und erwünschten Wissensaufbau und Kompetenzniveau. An der Berner Fachhochschule werden durch die sogenannten Abschlusskompetenzen im Bachelor-Studiengang Diätetik und Ernährung die Ziele und die daraus resultierenden Inhalte festgelegt (vgl. HEYSE/GIGER 2015, S. 452). Dadurch kann die etablierte Vorgehensweise aufgezeigt werden, dass die Inhalte anhand der Kompetenzen im Bachelor-Studiengang Diätetik und Ernährung bestimmt werden. Im Gegensatz dazu zeigt das Konzept „Constructive Alignment", welches im Kapitel 3.6 näher erörtert wird, das Zusammenspiel zwischen den zu erwerbenden Kompetenzen, den eingesetzten Lehr-Lernaktivitäten und den Methoden zur Erfassung der angeeigneten Kompetenzen. Dabei wird eine Kongruenz neben dem beabsichtigten Kompetenzerwerb, den Lehr-Lern-Aktivitäten und den Methoden zur Einschätzung der erreichten Kompetenzen ersichtlich. Die von JANK und MEYER (vgl. 2011) beschriebene Wechselwirkung von Inhalten, Zielen und Methoden berücksichtigt nicht die Erfassung und die Überprüfung des erreichten Kompetenzniveaus. Durch die Erfassung der erworbenen und entwickelten Beratungskompetenzen sowie die Einschätzung des erreichten Kompetenzniveaus kann abgeleitet werden, welche Ziele erreicht wurden und welche Ziele noch erfüllt werden können. Dies ermöglicht eine individuelle Ausrichtung des Lehr-Lern-Prozesses hinsichtlich der Entwicklung, Erweiterung und Vertiefung der Beratungskompetenzen.

3.3 Orientierung an den Taxonomie-Stufen

Hochschulabsolventinnen und Hochschulabsolventen handeln in der beruflichen Praxis wissensgeleitet. Durch die Wissensvermittlung und Wissensaneignung wird eine Wissensstruktur aufgebaut, vorausgesetzt das Wissen wird auch verstanden (vgl. ROTH 2011, S. 228). Zudem bedürfen die Wissensvermittlung und die Wissensaneignung der Berücksichtigung einer Verknüpfung des Wissens mit der beruflichen Praxis (vgl. ROTH 2011, S. 276). Das bedeutet, dass die Vermittlung und Aneignung des Wissens im Bachelor-Studiengang Diätologie einen direkten Bezug zur beruflichen Realität aufweisen. In der Ausbildungsverordnung wird dezidiert angeführt, dass die theoretisch vermittelten Inhalte mit der Aneignung der praktischen Fertigkeiten und Fähigkeiten verknüpft werden. Zudem gilt es in der theoretischen Ausbildung das fachlich-wissenschaftliche Fundament zu schaffen und die berufsspezifischen Arbeitsvorgänge zu vermitteln (vgl. § 3 FH-MTD-AV). Diese Wissensstruktur kann durch die Taxonomie-Stufen nach BLOOM (vgl. 1956) aufgezeigt werden. Die bekannten Wissensstufen, die auch als Taxonomien bezeichnet werden, beschreiben den Aufbau einer Wissensstruktur. Weil die Taxonomie-Stufen in Bezug auf die vermittlungsorientierte Didaktik von PFÄFFLI (vgl. 2005, S. 82 f.) herangezogen wurden, werden die Taxonomie-Stufen anhand berufsspezifischer Handlungen in der Diätologie abgeleitet. Allerdings zeigen die original überlieferten Taxonomie-Stufen nach BLOOM (vgl. 1956) laut SITTE und WOHLSCHLÄGL (vgl. 2006, S. 475) auch Schwächen. Die Hauptkategorien der Taxonomie-Stufen nach BLOOM (vgl. 1956) werden nach folgender Rangordnung aufgebaut: Kenntnisse, Verstehen, Anwendung, Analyse, Synthese und Bewertung. SITTE und WOHLSCHLÄGL (vgl. 2006, S. 475) erklären, dass die Unterteilung der Taxonomie-Stufen für die Lehre nicht ausreichend praktikabel sei. Dahingegen formuliert PFÄFFLI (vgl. 2005, S. 82) im Kontext der Zielformulierung die Taxonomie-Stufen Wissen verstehen, zuordnen, beurteilen und entwickeln. Da sich diese überlieferten Taxonomie-Stufen mit den Auszügen aus dem Kompetenzerwerb der FH-MTD-AUSBILDUNGSVERORDNUNG (vgl. § 2 Abs. 4 FH-MTD-AV) begründen lassen, wird diese Form bevorzugt. Infolge dessen werden die Wissensstufen dargelegt und mit berufsspezifischen Beispielen aus der Diätologie belegt:

- **Wissensstufe 1: Wissen verstehen**

Um das Wissen zu verstehen, bedarf es laut PFÄFFLI (vgl. 2005, S. 82) der Erklärung, Erläuterung und Beschreibung von Fakten, Begriffen, Vorgehensweisen und Theorien. In der Berufspraxis können die Absolventinnen und Absolventen die Arbeitsschritte des diätologischen Prozesses aufzählen und erörtern (vgl. § 2 Abs. 4 FH-MTD-AV). Darüber hinaus kann dazu das Wissen über verschiedene Beratungstechniken und -fertigkeiten gezählt werden.

- **Wissensstufe 2: Wissen zuordnen**

Das Wissen zuordnen zu können bezieht sich auf das Erkennen von Verknüpfungen und Übereinstimmungen (vgl. PFÄFFLI 2005, S. 82). Aus den bereits vorhandenen Daten über die Klientinnen und Klienten können Absolventinnen und Absolventen aus dem Zusammenschluss der erhobenen Informationen ernährungsmedizinisch relevante Fakten zuordnen und erkennen (vgl. § 2 Abs. 4 FH-MTD-AV).

- **Wissensstufe 3: Wissen beurteilen**

Die Fähigkeit, Wissen zu beurteilen, setzt voraus, das Wissen auch zu verstehen und zuordnen zu können (vgl. PFÄFFLI 2005, S. 82). Die diätologische Befundung und Beurteilung resultieren aus der Berücksichtigung der medizinischen und ernährungsphysiologischen Daten und Fakten. Hierbei wird der diätologische Handlungsbedarf beurteilt und definiert (vgl. § 2 Abs. 4 FH-MTD-AV).

- **Wissensstufe 4: Wissen entwickeln**

Das Wissen kann adaptiert und weiterentwickelt werden (vgl. PFÄFFLI 2005, S. 82). Im Rahmen des diätologischen Prozesses können die Absolventinnen und Absolventen das eigene Handeln evaluieren und reflektieren. Die Evaluation begünstigt eine Weiterentwicklung der Kompetenzen und des Wissens, da die durchgeführten Therapiemaßnahmen in ihrer Wirkung analysiert werden (vgl. HOFBAUER u.a. 2011, S. 19).

PFÄFFLI (vgl. 2005, S. 81) unterstreicht die Bedeutsamkeit des Wissens in der Hochschullehre. Wissen fungiere als Fundament wie auch Bestandteil jeglicher Handlungskompetenzen. „Jede Wissensstufe erfordert eine erwünschte Qualität von Denkprozessen" (PFÄFFLI 2005, S. 83). Mit der Qualität wird auf die verschiedenen Wissensstufen und Kompetenzarten Bezug genommen. Damit wird die Unterscheidung der kognitiven Leistung berücksichtigt, die durch die Wissensstufen gefordert wird. Im Hinblick auf die Beratungskompetenzen wird ein direkter Bezug zu den fachlich-methodischen Kompetenzen hergestellt. Anhand der angeführten Beispiele des diätologischen Handelns ist zu erkennen, dass die fachlich-methodischen Kompetenzen aus der FH-MTD-

AUSBILDUNGSVERORDNUNG (vgl. § 2 Abs. 4 FH-MTD-AV) entnommen wurden. Denn insbesondere die fachlich-methodischen Kompetenzen im Sinne der Beratungskompetenzen können von den adaptierten Taxonomie-Stufen nach PFÄFFLI (vgl. 2005) profitieren. Das ernährungsmedizinische Fachwissen, welches in der Ernährungsberatung und in der ernährungsmedizinischen Beratung eingesetzt wird, lässt sich in Anlehnung an die adaptierte Form der Taxonomie-Stufen von PFÄFFLI (vgl. 2005, S. 82) einstufen. Die Beratungskompetenzen Entscheidungsfähigkeit, Lösungsorientiertheit wie auch die Fähigkeit zur Problemlösung werden durch das Entwickeln einer Wissensstruktur begünstigt, da für das Treffen von Entscheidungen und das Finden von Lösungswegen Wissen verstanden, zugeordnet und beurteilt werden muss. Die Studierenden des Bachelor-Studienganges Diätologie entwickeln, erweitern und vertiefen die Beratungskompetenzen, indem die Wissensstruktur in berufsspezifischen Beratungsgesprächen verwendet und reflektiert wird. Das kann durch neurobiologische Erkenntnisse und durch den konstruktivistischen Ansatz gestützt werden. Das Lernen begünstigt eine Veränderung des Wissenskonstrukts im Gehirn und veranlasst eine Verarbeitung und Veränderung des Wissens. Anhand der Taxonomie-Stufen wird Wissen verstanden, zugeordnet, beurteilt und entwickelt. Im Aufbau der Wissensstruktur knüpfen die Eindrücke, Erfahrungen und Beobachtungen an das bereits vorhandene Wissenskonstrukt an. Mit Bezug zum neurodidaktischen Ansatz bestätigt TERHART (vgl. 2009, S. 152 f.), dass das verstandene Wissen an bereits erworbenes Wissen und erlebte Erfahrungen anknüpft. Darüber hinaus verändert und adaptiert sich dieses Wissenskonstrukt durch den Umgang mit neuen Herausforderungen, Erfahrungen und Eindrücken. Im Bachelor-Studiengang Diätologie erweitern, entwickeln und vertiefen die Studierenden ihre Beratungskompetenzen anhand der adaptierten Taxanomie-Stufen nach PFÄFFLI (vgl. 2005). Von den vier didaktischen Prinzipien der Handlungsorientierung, die von OELKE und MEYER (vgl. 2013, S. 18) angeführt wurden, wird die Wissenschaftsorientierung in Bezug auf den Aufbau und die Veränderung der Wissensstruktur begründet. In der Hochschullehre basiert die Vermittlung der Erkenntnisse und des Wissens auf dem aktuellsten wissenschaftlichen Stand. Die Studiengangsleiterin FH-Prof. Gabriele Karner des Bachelor-Studienganges Diätologie in St. Pölten setzt auf die Wissenschaftsorientierung in der Hochschullehre:

„Unsere Absolventinnen und Absolventen verfügen über fundiertes theoretisches Wissen auf wissenschaftlicher Basis, das sie in der Berufspraxis [...] zielgruppenorientiert umsetzen können" (FACHHOCHSCHULE ST. PÖLTEN UNIVERSITY OF APPLIED SCIENCE 2015b, Diätologie).

Die Vermittlung aktuellster wissenschaftlicher Erkenntnisse in der Hochschullehre führt zur Weiterentwicklung des Berufsstandes und der Qualitätssicherung im diätologischen Tätigkeitsfeld. Daraus folgernd wird die hochschuldidaktische Empfehlung ausgesprochen, dass die Vermittlung der fachlich-methodischen Kompetenzen wissenschaftsorientiert erfolgen sollte. Die Taxonomie-Stufen, die aufgrund der vermittlungsorientierten Didaktik nach PFÄFFLI (vgl. 2005) adaptiert wurden, repräsentieren den Aufbau und die Erweiterung der Wissens- und Kompetenzstufen. Um die Entwicklung, Erweiterung und Vertiefung der Beratungskompetenzfelder theoriegeleitet zu begründen, werden neben der vermittlungsorientierten Didaktik die handlungsorientierte Didaktik, die Praxisdimensionen und das Konzept „Constructive Alignment" herangezogen.

3.4 Transfer des Wissens

Im Bachelor-Studiengang Diätologie wird von den Studierenden gefordert, fachspezifisches Wissen aufzubauen und berufsspezifische Handlungskompetenzen zu erwerben. WEINERT u.a. (vgl. 1977, S. 689) geben einen Appell hinsichtlich einer Veränderung der Anforderungen in der beruflichen Bildung. Zur Bewältigung der beruflichen Situationen reicht das exakte Reproduzieren des Wissens nicht aus. Es braucht Wissen und auch Erfahrungen, welche sich auf neue Situationen übertragen lassen. Diese Übertragung wird von WEINERT u.a. (vgl. 1977) als die Lernübertragung oder auch als Transfer bezeichnet. Dies beschreibt das Ausmaß, in dem das Gelernte aus vorausgegangenen Lernprozessen und Erfahrungen auf neue kontextgebunden Situationen übertragen wurde. Eine genauere Definition bietet MARSCHELKE (vgl. 2013, S. 83):

„Lerntransfer, d.h. das Übertragen bereits gespeicherter Wissens- und Handlungseinheiten von einem Anwendungsbereich in den anderen, ist eine kognitive Handlung, die zum Ziel hat, die Gedächtnisinhalte der Nutzung zuzuführen, statt sie nur zu archivieren" (MARSCHELKE 2013, S. 83).

Damit die Gedächtnisinhalte genutzt werden können, ist vorauszusetzen, dass die Lehr-Lern-Aktivitäten exemplarisch für viele Lehr-Lern-Situationen und Handlungen sind. Das Prinzip des exemplarischen Unterrichts nach KRAMIS (vgl. 1990, S. 285) wird als Übertragung des Gelernten auf andere Lehr-Lern-Situationen der Studierenden erörtert. Daraus ableitend wird der Lerntransfer mit den neurobiologischen Kenntnissen verknüpft. Das Einspeichern des Wissens in das deklarative Gedächtnis[3] ist dann gefordert, wenn eine Realitätsnähe und Anschlussfähigkeit des vermittelten Wissens gegeben sind. Hierbei wird ein Wissenskonstrukt im deklarativen Gedächtnis aufgebaut. Unter dem deklarativen Gedächtnis werden das episodische Gedächtnis, das Bekanntheits- und Vertrautheitsgedächtnis wie auch das Wissens- und Faktengedächtnis zusammengefasst (vgl. ROTH 2011, S. 103 f.). Zunächst werden die Gedächtnisarten für ein genaueres Verständnis beschrieben. Das episodische Gedächtnis umfasst das Erinnern der inhaltlichen, der räumlichen und der zeitlichen Erlebnisse. Das Bekanntheits- und Vertrautheitsgedächtnis

---

[3] Das deklarative Gedächtnis ist das explizite Gedächtnis (vgl. ROTH 2011, S. 103).

sorgt dafür, dass Objekte bzw. Geschehenes uns bekannt oder nicht bekannt sind (vgl. ROTH 2011, S. 103 f.). Alle drei Gedächtnisarten des deklarativen Gedächtnisses können ineinandergreifen und ergeben somit ein Wissenskonstrukt. Das deklarative Gedächtnis umfasst somit das Wissen über die Fakten, die Erlebnisse und die Differenzierung des Bekannten und Unbekannten. Daraus ableitend orientieren sich die Aufnahme und Weiterleitung der Informationen an Wissensstrukturen und Erfahrungen, die bereits erworben und durchlebt wurden (vgl. TERHART 2009, S. 152).

Die Theorie-Praxis-Verzahnung wird in der Ausbildungsverordnung des Bachelor-Studienganges Diätologie angeführt. Hierbei gibt die Ausbildungsverordnung vor, dass die Umsetzung der theoretischen Inhalte in der praktischen Ausbildung ermöglicht werden muss. Kenntnisse und Fertigkeiten sollen zuvor in Gruppen vermittelt, geübt und reflektiert werden. Des Weiteren wird die praktische Umsetzung der theoretischen Inhalte im Rahmen der Praktikumsstellen fortlaufend vertieft und erweitert (vgl. § 3 FH-MTD-AV). Die Übertragung der theoretisch-wissenschaftlichen Grundlagen in die Praxis wird ausschließlich durch die Praktika in der Ausbildungsverordnung berücksichtigt. Die Bedingungen zur Förderung einer Übertragung der theoretisch-wissenschaftlichen Grundlagen auf die Praxis werden nicht in ausreichender Tiefe in der Ausbildungsverordnung beschrieben. Insofern involviert die Ausbildungsverordnung einen Gestaltungsrahmen der theoretischen und praktischen Ausbildung. Um den Theorie-Praxis-Transfer der Studierenden zu fördern und zu unterstützen, sind Lehr-Lern-Aktivitäten notwendig, die die Übertragung des Gelernten auf andere berufliche Situationen ermöglichen. Realitätsnähe wie auch Anschlussfähigkeit des vermittelten Wissens sind in den Lehr-Lern-Aktivitäten zu berücksichtigen.

3.5 Handlungsorientierte Didaktik

Das fachspezifische Wissen ist eine essentielle, jedoch keine ausreichende Bedingung für die Bewältigung beruflicher Anforderungen und Aufgaben. Zur Bewältigung beruflicher Herausforderungen sind neben dem Fachwissen Kompetenzen notwendig (vgl. PFÄFFLI 2005, S. 189). Die Aneignung und die Vertiefung des fachlichen Wissens bewirken noch keine Bewältigung beruflicher Situationen. Damit wird die Fachkompetenz als eine wertvolle und fundamentale Kompetenz berücksichtigt. Die vermittlungsorientierte Didaktik repräsentiert im Rahmen der Taxonomie-Stufen den Aufbau und den Erwerb der fachlich-methodischen Kompetenzen. Zur Entwicklung, Erweiterung und Vertiefung der Beratungskompetenzfelder wird neben der vermittlungsorientierten Didaktik auch die handlungsorientierte Didaktik herangezogen. Die Bedeutsamkeit des handlungsorientierten Lernens wird im Folgenden dargelegt: „Handeln gilt als höchst effiziente und unverzichtbare Form für den Erwerb und die Entwicklung von Wissen und Kompetenzen" (PFÄFFLI 2005, S. 189). Die handlungsorientierte Didaktik ermöglicht die Übertragung des Gelernten auf andere Anwendungsbereiche, was von MARSCHELKE (vgl. 2013, S. 83) als Lerntransfer bezeichnet wird. Eine handlungsorientierte Didaktik wurde für den Hochschulsektor von PFÄFFLI (vgl. 2005) konzipiert und entwickelt. Das grundlegende didaktische Prinzip – die Handlungsorientierung – wird von OELKE und MEYER (vgl. 2013, S. 19) beschrieben. Im Sinne der Handlungsorientierung werden die Kompetenzen der Studierenden durch die Lehr-Lern-Aktivitäten gefördert. Die handlungsorientierte Didaktik fördert durch praxisorientierte Lern- und Handlungsprozesse die Kompetenzen der Studierenden (vgl. PFÄFFLI 2005, S. 189). GABLICK (vgl. 2011, S. 28) befürwortet den didaktischen Zugang der handlungsorientierten Unterrichtskonzepte. Die Handlungsorientierung als Lernmethodik wird von GABLICK (vgl. 2011, S. 28) begründet, da das eigene Handeln und Lernen erfahrbar gemacht werden. Dazu zählen Lernformen wie das exemplarische Lernen, das situierte Lernen, das selbst organisierte Lernen, die Leittextmethode wie auch das Projektlernen. Diese Lernarten sind geeignet zur Förderung des Lerntransfers (vgl. MARSCHELKE 2013, S. 82 f.). Die Lernformen Lernen anhand von Fallbeispielen, das Projektlernen, das problem-basierte Lernen und die Leittextmethoden im literarischen Werk von PFÄFFLI (vgl. 2005) werden im Zusammenhang mit der vermittlungsorientierten und handlungsorientierten Didaktik beschrieben. Die problem- und handlungsorientierten Unterrichtsverfahren von MARSCHELKE (vgl. 2013, S. 82 f.) und PFÄFFLI (vgl. 2005, S. 189 ff.) ermöglichen die Verknüpfung des theoretischen Wissens mit der Praxis und stellen somit den Bezug zum beruflichen Handeln dar. Die Lehre anhand eines exemplarischen Unterrichts nach KRAMIS (vgl. 1990, S. 285) zu gestalten wird damit belegt. Die vermittlungs- und handlungsorientierte Didaktik umfasst neben dem Aufbau einer Wissensstruktur die Förderung und die Entwicklung der Handlungskompetenzen mit Bezug zur echten Praxis (vgl. PFÄFFLI 2005). Neben PFÄFFLI (vgl. 2005) beschreiben auch OELKE und MEYER (vgl. 2013) Unterrichtsformen und Lehr-Lern-Aktivitäten, die die Kompetenzen der Studierenden fördern. Im Rahmen des kompetenzförderlichen Unterrichts führen OELKE und MEYER (vgl. 2013, S. 350 ff.) Lehr-Lern-Formen an, die zum Teil mit den genannten problem- und handlungsorientierten Unterrichtsformen nach MARSCHELKE (vgl. 2013, S. 82 f.) und PFÄFFLI (vgl. 2005, S. 189 ff.) übereinstimmen. Die Lehr-Lern-Formen handlungsorientiertes Lernen, kooperatives Lernen, Skillslap[4] und erfahrungsorientiertes Lernen nach OELKE und MEYER (vgl. 2013, S. 350 ff.) werden darüber hinaus beschrieben. Die Unterscheidung der einzelnen problem- und handlungsorientierten Unterrichtsverfahren wird von der Autorenschaft different ausgelegt. Eine klare Abgrenzung und Differenzierung der einzelnen handlungs- und problemorientierten Lehr-Lern-Methoden in

---

[4] SkillsLab meint systemisch aufgebaute Trainingsprogramme, die eine entsprechende Lern- und Medienlandschaft aufweisen (vgl. OELKE/MEYER 2013, S. 366 ff.).

der Hochschullehre sind daher schwierig (vgl. OELKE/MEYER 2013, S. 357). Die aufgezählten problem- und handlungsorientierten Unterrichtsverfahren von PFÄFFLI (vgl. 2005), MARSCHELKE (vgl. 2013), OELKE und MEYER (vgl. 2013) zeigen einen Ausschnitt aus dem Repertoire an Lehr-Lern-Methoden, die den Theorie-Praxis-Transfer herstellen können. Zusammenfassend beinhaltet die handlungsorientierte und vermittlungsorientierte Didaktik Lehr-Lern-Methoden, die den Bezug zur unmittelbaren Praxis herstellen können.

Offensichtlich existieren viele Lernformen, die den Bezug zur beruflichen Praxis herstellen können. Beispielhaft offeriert das Berner Modell für professionelle Kommunikation in Gesundheitsberufen den beruflichen Praxisbezug. Dieses Modell wurde zur Erreichung der Verknüpfung des theoretischen Wissens mit der Praxis konzipiert. Dabei werden lebensnahe und praxisorientierte Lernsituationen im Rahmen eines Kommunikationstrainings mit professionellen Schauspielerinnen und Schauspielern konstruiert (vgl. DIVIANI u.a. 2012, S. 29). Dieses Lernsetting ermöglicht es den Studierenden, in einem geschützten Rahmen kommunikativ herausfordernde Situationen in realitätsnahen Bedingungen zu üben und zu trainieren (vgl. METZENTHIN 2008, S. 28). Um die didaktische Herausforderung zu meistern, den Transfer von theoretischen Inhalten in die Praxis zu fördern, wurde dieses Lernsetting von Hochschuldidaktikern und Hochschuldidaktikerinnen der Berner Fachhochschule konzipiert (vgl. DIVIANI u.a. 2012, S. 5). Im Zuge dessen werden im folgenden Kapitel die Praxisdimensionen angeführt.

3.6 Praxisdimension

Jede berufliche Situation verfügt über eine eigene Dynamik, Komplexität und Einzigartigkeit. Dabei können in der Bewältigung der beruflichen Herausforderungen nicht alle Facetten berücksichtigt werden, weil die beruflichen Situationen von den beteiligten Personen nicht in gleicher Weise wahrgenommen werden (vgl. PFÄFFLI 2005, S. 59). Dabei bezieht sich PFÄFFLI (vgl. 2005) auf die Schwierigkeit in der Hochschullehre, der Komplexität der beruflichen Praxis gerecht zu werden. Unter den didaktischen Prinzipien ist die Realitätsorientierung ein wichtiger Gegenstand in der Hochschullehre, da der Realitätsbezug zur beruflichen Praxis grundlegend ist (vgl. OELKE/MEYER 2013, S. 19). Die Realitätsorientierung lässt sich in mehreren Prinzipien nach KRAMIS (vgl. 1990, S. 285) wiederfinden. Die Realitätsorientierung in der Hochschullehre spiegelt sich auch im didaktischen Prinzip der Lebensnähe wider. Die Lehr-Lern-Aktivitäten richten sich auf die künftigen beruflichen und privaten Situationen der Studierenden. Des Weiteren lässt sich die Realitätsorientierung in der Hochschullehre anhand des exemplarischen Unterrichts nachvollziehen. Hierbei sind die Lehr-Lern-Aktivitäten beispielgebend für eine Vielzahl an Aufgaben und Übungen. Die Lehr-Lern-Aktivitäten orientieren sich an realitätsnahen und beruflichen Anforderungen, die sich auf mehrere berufliche Situationen übertragen lassen. Das Lernen im unmittelbaren Bezug zur Praxis fördert die Bildung von Wissensstrukturen, das Aneignen von Fähigkeiten sowie das Erfahren von Emotionen und deren Neubewertung für künftige Handlungen (vgl. OELKE/MEYER 2013, S. 350 ff.).

Verschiedene Dimensionen werden von PFÄFFLI (vgl. 2005, S. 59 f.) beschrieben, die die Komplexität und die Einzigartigkeit der echten Praxis wiedergeben können. Dabei werden praxisbezogene Beispiele im fachspezifischen Bereich der Diätologie herangezogen. Der Handlungsschwerpunkt in der Diätologie umfasst die professionelle Umsetzung der diätologischen Interventionen. Die Durchführung der diätologischen Interventionen stellt die beruflichen Herausforderungen einer Diätologin bzw. eines Diätologen dar. In Bezug auf die Diätologie repräsentiert die echte Praxis den diätologischen Handlungsschwerpunkt:

- **Fachliche und fachübergreifende Praxis:**

Fachspezifische und fachübergreifende Kompetenzen werden benötigt, um die beruflichen Situationen zu meistern. Bezüglich der fachlichen und fachübergreifenden Praxis führt PFÄFFLI (vgl. 2005, S. 59) exemplarisch die Umsetzung kommunikativer Methoden an. Im professionellen Führen der diätologischen Intervention wird diesbezüglich die Anwendung der Gesprächsführungskompetenzen hergeleitet, die die Handhabung der Beratungstechniken beinhalten. Die fachspezifischen Fähigkeiten und Fertigkeiten können als die Fähigkeit zum vernetzten Denken wie auch als die Anwendung der Gesprächsführungskompetenz interpretiert werden. Diese Dimension der Praxis repräsentiert die fachlichen und fachübergreifenden Kompetenzen, die in der Umsetzung beruflicher Situationen Anwendung finden.

- **Kognitive und handlungsversierte Praxis:**

Die kognitive Praxis beschreibt die gedanklichen Lernprozesse, die für Außenstehende nicht sichtbar sind. Mit der handlungsversierten Praxis werden Handlungen beschrieben, die ausgeführt und somit sichtbar werden (vgl. PFÄFFLI 2005, S. 59). Im diätologischen Handlungsschwerpunkt zählen dazu das Durchführen der Ernährungsberatung und der ernährungsmedizinischen Beratung. Die Handlung, die dabei sichtbar wird, ist das Durchführen einer Ernährungsanamnese im Beratungsprozess. Die kognitiven Prozesse, die für die Beratenden nicht sichtbar sind, sind das Analysieren und Bewerten der Daten in der Ernährungsanamnese. In dieser Praxisdimension ist ersichtlich, dass hiermit die gedanklichen Leistungsprozesse wie auch die physischen Handlungsabläufe gemeint sind, die in beruflichen Situationen umgesetzt werden.

Die fachliche und fachübergreifende Praxis wie auch die kognitive und handlungsversierte Praxis sind in die konstruierte, simulierte und echte Praxis integriert. Die fachlichen und fachübergreifenden Kompetenzen sowie die kognitiven Leistungsprozesse und konkreten beruflichen Handlungen werden in der konstruierten, simulierten und in der echten Praxis realisiert.

- **Konstruierte, simulierte und echte Praxis:**

Zur Unterscheidung der Echtheit der beruflichen Praxis beschreiben ALTRICHTER und POSCH (vgl. 1994) drei Dimensionen: die konstruierte, simulierte und die echte Praxis. PFÄFFLI (vgl. 2005) und MARKOWITSCH/MESSERER/PROKOPP (vgl. 2004) übernehmen die Unterscheidung in die konstruierte, simulierte und echte Praxis im Zusammenhang mit handlungs- und erfahrungsbezogenen Lernformen. Die folgende Abbildung zeigt den Aufbau der drei Dimensionen:

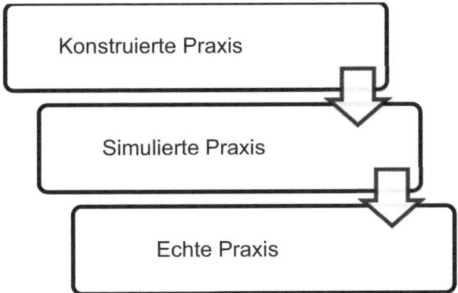

Abbildung 9: Der Aufbau der drei Praxisdimensionen (Quelle: eigene Darstellung in Anlehnung an PFÄFFLI 2005).

Zur konstruierten Praxis werden Fallbeispiele, die Leittextmethode und das problemba-sierte Lernen gezählt. Aufbauend auf der konstruierten Praxis kann die simulierte Praxis angewendet werden. Zur simulierten Praxis werden Rollenspiele, Simulationen und Handlungstrainings gezählt. Die echte Praxis weist eine höhere Komplexität und Reali-tätsnähe auf als die konstruierte und simulierte Praxis. Darunter versteht PFÄFFLI (vgl. 2005, S. 60) Praktika und Projekte. In der Ausbildungsverordnung wird auf Grundlage der theoretischen Ausbildung die praktische Ausbildung durch Praktika integriert. Naheliegen-derweise zeigen die Erörterungen von PFÄFFLI (vgl. 2005, S. 194) im Rahmen der Unter-richtsverfahren der handlungsorientierten Didaktik, dass das Wissen und die Erkenntnisse aus der konstruierten Praxis in die simulierte Praxis mit einfließen. Diesbezüglich ermöglicht das Lernen in der konstruierten und simulierten Praxis eine Annäherung an die echte Praxis. Auf Grundlage der konstruierten Praxis und der simulierten Praxis kann auf der echten Praxis aufgebaut werden. Zur Realisierung und Umsetzung der Lernformen erarbeitete PFÄFFLI (vgl. 2005, S. 192 ff.) didaktische Grundsätze handlungsorientierter Lehr- und Lernprozesse. Diese Grundsätze werden herangezogen, um die hochschuldidaktischen Empfehlungen zum Aufbau des Beratungskompetenzmodells im Hinblick auf handlungsorientiertes Lernen zu begründen. Lernsituationen ermöglichen den Studierenden, Handlungen einzuüben und Kompetenzen zu entwickeln. Hierbei beinhalten die Lernsituationen realistische Aufgabenstellungen, die den Studierenden die Bedeutung des Lerneffektes widerspiegeln. Zudem ermöglichen realitätsnahe und authentische Lernsituationen es, mit unterschiedlicher Komplexität und Varianz die Erkenntnisse und Kompetenzen zu erweitern und zu vertiefen. Die Lernsituationen lassen sich auf mehrere Anwendungsbereiche beziehen, damit das Gelernte übertragen werden kann. Die Zielorientierung sollte im Sinne der Kompetenzziele erfolgen. Durch definierte Kompetenzziele sind die angestrebten Kompetenzentwicklungen bekannt und ersichtlich für Lehrpersonen wie Studierende. Durch die festgelegten Ziele sind darüber hinaus Lernsituationen überprüfbar (vgl. PFÄFFLI 2005, S. 192 ff.). Im Zuge dessen werden zu den praxisbezogenen Dimensionen für den Aufbau des Beratungskompetenzmodells folgende hochschuldidaktische Empfehlungen formuliert: Zur Entwicklung, Erweiterung und Vertiefung der Beratungskompetenzen sind in der Umsetzung der vermittlungs- und handlungsorientierten Lehr-Lern-Methoden die verschiedenen Dimensionen der Praxis zu berücksichtigen. Die Beratungskompetenzen können auf Grundlage der drei Dimensionen der Praxis unter Berücksichtigung dieser Rangfolge entwickelt, erweitert und vertieft werden. In der Gestaltung der Lehr-Lern-Aktivitäten sollte berücksichtigt werden, dass die beruflichen Praxissituationen sich auf mehrere Anwendungsbereiche beziehen lassen.

Die Fallbeispiele und das problem-basierte Lernen fungieren als mögliche Lernformen, die eine konstruierte Praxis herstellen. Aufbauend auf der konstruierten Praxis können Rollenspiele und Simulationen beruflicher Situationen angewendet werden, um in der simulierten Praxis das berufliche Handeln zu üben. Die konstruierte und die simulierte Praxis ermöglichen es den Studierenden, in einem geschützten Rahmen ihre Beratungskompetenzen zu entwickeln, zu erweitern und zu vertiefen. Exemplarisch wird Bezug auf das Lernkonzept der Berner Fachhochschule genommen. Das Berner Modell für professionelle Kommunikation in Gesundheitsberufen wurde auch im Bachelor-Studiengang Diätetik und Ernährung etabliert. Die Bachelorausbildung im fachspezifischen Bereich Diätetik und Ernährung kann für den Bachelor-Studiengang in Österreich herangezogen werden. Das Lernkonzept besteht aus drei Einheiten: Seminar, Kommunikationstraining und Reflexion. Im Seminar wird das theoretische Wissen durch Referate, Gruppenarbeiten, Übungen und Rollenspiele vermittelt. In Bezug auf die Praxisdimensionen werden die fachlich-methodischen Beratungskompetenzen sowohl in der konstruierten Praxis als auch in der simulierten Praxis erworben und gefestigt. In der zweiten Einheit werden im Kommunikationstraining mit den Studierenden die Beratungsgespräche geübt. In der dritten Einheit werden die Studierenden veranlasst, über das durchgeführte Beratungsgespräch zu reflektieren. Eine Videoanalyse und ein Feedbackgespräch werden mit der Kommunikationstrainerin bzw. mit dem Kommunikationstrainer und den Studierenden durchgeführt. Die verbale und nonverbale Kommunikation werden gemeinsam beleuchtet und reflektiert. Danach erfolgt ein Reflexionsbericht. Die Studierenden haben damit die Möglichkeit, die Erkenntnisse aus dem Feedbackgespräch zu verschriftlichen. Im Reflexionsbericht erarbeiten die Studierenden ihren persönlichen Entwicklungs- und Erkenntnisstand und legen für das nächste Kommunikationstraining den eigenen Handlungsbedarf fest (vgl. DIVIANI u.a. 2012, S. 27 f.). Das Berner Modell repräsentiert den Aufbau und den Durchlauf der konstruierten und der simulierten Praxisdimension. Da im fachspezifischen Bereich der Diätologie neben dem Berner Kommunikationsmodell (vgl. DIVIANI u.a. 2012) keine weiteren etablierten Kommunikationsmodelle in Bezug auf die Entwicklung, Erweiterung und Vertiefung der Beratungskompetenzen gefunden werden konnten, wird auf den Fachbereich Medizin Bezug genommen. An der Universität Maastricht sind Kommunikationstrainings eine bereits etablierte Lernform in der Medizinausbildung (vgl. VAN DALEN u.a. 2001). Insbesondere in den Niederlanden sind SkillsLabs im Hochschulsektor der medizinischen Studiengänge eine etablierte Methode. Im deutschsprachigen Raum griffen die schweizerischen Hochschulen dieses Konzept auf (vgl. OELKE/MEYER 2013, S. 366; vgl. METZENTHIN 2008, S. 26). SkillsLabs beinhalten neben einer Vorbereitungs-, Trainings- und Übungsphase den Kontakt mit Simulationspatientinnen und Simulationspatienten. Die erworbenen Fähigkeiten und Fertigkeiten werden durch einen Test nach der Simulation der Situation geprüft (vgl. OELKE/MEYER 2013, S. 366 ff.). Auf Grundlage dessen entwickelte sich diese Form des kompetenzförderlichen Unterrichtens weiter. Diesbezüglich werden professionelle Schauspielerinnen und Schauspieler in der Berner Fachhochschule wie auch an der Universität Maastricht eingesetzt, um berufsspezifische Situationen nachzuahmen. Offensichtlich greifen diese Unterrichtskonzepte auf das Simulieren realitätsnaher Berufssituationen zurück. Naheliegenderweise repräsentiert das Berner Kommunikationsmodell (vgl. DIVIANI u.a. 2012) die Erweiterung und Vertiefung der Beratungskompetenzen.

Die echte Praxis wird abschließend zur Vervollständigung der Praxisdimensionen beschrieben. Nach der konstruierten und simulierten Praxis wird die echte Praxis in Lehr-Lern-Arrangements angewendet. Diesbezüglich wird eine Studie herangezogen, die das

Simulieren beruflicher Situationen im Vergleich zur echten Praxis darstellen kann. Im Vergleich dazu repräsentiert das beschriebene Kommunikationstraining die Simulation der beruflichen Praxis. Die Studie von CLEVER u.a. (vgl. 2011) untersuchte die Effektivität eines Kommunikationstrainings mit simulierten Patientinnen und Patienten im Vergleich zu den kommunikativen Interaktionen mit echten freiwilligen Patientinnen und Patienten medizinisch Studierender. Sowohl die Studierenden, die mit echten Patientinnen und Patienten gearbeitet haben, als auch die Studierenden, die mit simulierten Patientinnen und Patienten interagierten, wurden anhand eines validierten Interviewleitbogens befragt. Den Umgang mit echten Patientinnen und Patienten empfanden die Studierenden als angenehmer und fühlten sich sicherer. In Anlehnung an die ausgewerteten Fakten schätzten die Studierenden den Umgang mit echten Patientinnen und Patienten als lernwirksamer und effektiver ein. Dies zeigte sich auch im letzten Kriterium. Die Ausbildungsanforderungen der Studierenden zur Entwicklung der kommunikativen Kompetenzen erreichten im Kommunikationstraining mit echten Patientinnen und Patienten eine höhere Zustimmung der Studierenden im Vergleich zur Simulation der beruflichen Praxis (vgl. CLEVER u.a. 2014). Anhand der ausgewerteten Daten aus den Interviewfragebögen konnte gezeigt werden, dass die Differenz zwischen echten und simulierten Patientengesprächen nicht signifikant hoch ist. Des Weiteren legen CLEVER u.a. (vgl. 2014) zu diesem Aspekt im Fazit dar, dass die Differenz zwischen der Interaktion mit echten und simulierten Patientinnen und Patienten anhand der Fragebögen nicht signifikant sei. Offensichtlich bieten beide Formen des Lernens, mit echten und simulierten Patientinnen und Patienten, eine Möglichkeit, Gesprächskompetenzen zu üben. Des Weiteren betont METZENTHIN (vgl. 2008, S. 30) die Wichtigkeit, die kommunikativen Kompetenzen nicht im beruflichen Alltag zu erwerben und weiterzuentwickeln, sondern dies in die Ausbildung zu integrieren. Dies unterstreicht die Wichtigkeit, die Praxisdimensionen zu berücksichtigen.

3.7 Constructive Alignment

Das Konzept „Constructive Alignment" wurde aus den Erkenntnissen und Erfahrungen im Einsatz von Portfolios entwickelt. Der Erkenntnisgewinn wie auch der Lernprozess der Studierenden wurden durch das Portfolio für die Lehrpersonen ersichtlich. Die von den Studierenden verfassten Portfolios dienten als Grundlage für die Lehrpersonen, das eigene Lehren zu verbessern. Das Konzept „Constructive Alignment" nach BIGGS und TANG (vgl. 2011, S. 95 ff.) involviert die konstruktivistische Theorie. Die Studierenden konstruieren ihr Wissen durch eigene Lernaktivitäten, welches sich an vorher erstellten Schemata und Strukturen orientiert (vgl. BIGGS/TANG 2011, S. 95 ff.). Dieser Zusammenhang wird durch folgende neurodidaktische Aussage begründet: Die Aufnahme und die

Weiterleitung von Informationen orientieren sich somit an Wissensstrukturen und Erfahrungen, die bereits erworben und durchlebt wurden (vgl. TERHART 2009, S. 152).

Um das Konzept zu erklären, wird eine Abbildung des „Constructive Alignment" herangezogen. Bekanntlich besteht dieses Konzept aus den drei Komponenten „teaching and learning activities", „assessment tasks" und „intended learning outcomes" (vgl. BIGGS/TANG 2011, S. 109):

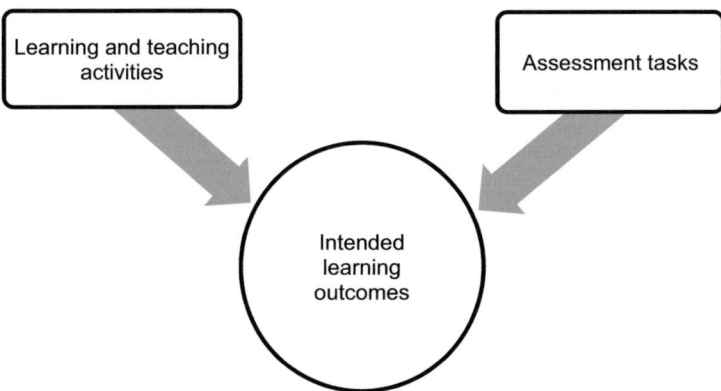

Abbildung 10: Das Konzept „Constructive Alignment" (REABURN/MULDOON/BOOKALLIL 2009, S. 821).

Die Abbildung stellt vereinfacht das Konzept „Constructive Alignment" dar. Dieses gleicht in den Kernelementen sowie in der Darstellungsweise dem Konzept von BIGGS und TANG (vgl. 2011, S. 105). Dabei konzentriert sich das Konzept „Constructive Alignment" sowohl auf das, was gelernt werden sollte, als auch auf den Aspekt, wie das, was gelernt werden sollte, auch gelernt werden kann (vgl. BIGGS/TANG 2011, S. 97). Im Zuge dessen werden die einzelnen Komponenten dezidiert erörtert. Die „intended learning outcomes" werden in der folgenden Erläuterung von BIGGS und TANG (vgl. 2011, S. 97 f.) beschrieben:

„Focusing on what and how students are to learn, rather than on what topics the teacher is to teach, requires that an intended learning outcome […], specifies not only what is to be learned, the topic, but how it is to be learned" (BIGGS/TANG 2011, S. 97 f.).

Die erwünschten Lernergebnisse der Studierenden werden demnach nicht ausschließlich von den Inhalten bestimmt, sondern durch die Lehr- und Lernaktivitäten. BIGGS und TANG (vgl. 2011, S. 98) ziehen exemplarische Fälle des Lernens heran, um das Konzept zu veranschaulichen. Im Bachelor-Studiengang Diätologie repräsentiert das beabsichtigte Lernergebnis die Entwicklung, die Erweiterung und die Vertiefung der Beratungskompetenzen der Studierenden. Anhand des curricularen und gesetzlichen Rahmens werden das Lernergebnis, die Entwicklung, Erweiterung und Vertiefung der Beratungskompetenzen festgelegt. Durch die Verknüpfung der handlungs- und vermittlungsorientierten Lernaktivitäten mit dem festgelegten Kompetenzerwerb entwickelt sich ein geführter Lernprozess für die Studierenden, der zu den beabsichtigten Lernergebnissen führen soll. Für ein genaueres Verständnis wird ein Beispiel aus der Lehre zur Umsetzung des „Constructive Alignment" im Rahmen des Bachelor-Studiengangs Diätetik und Ernährung herangezogen: Das beabsichtigte Lernergebnis ist die professionelle Durchführung einer ernährungsmedizinischen Beratung. Die Studierenden üben im Rahmen eines Kommunikationstrainings in Rollenspielen das Führen eines Beratungsgesprächs. Dabei fokussiert sich die Lehrperson darauf, auf welche Weise die Studierenden das Beratungsgespräch führen. Die Aneignung der Gesprächsführungskompetenzen repräsentiert das erwünschte Lernergebnis. Nach dem Kommunikationstraining werden auf Grundlage der Videoanalyse und des Feedbackgesprächs die Erkenntnisse und Erfahrungen in einem Portfolio verfasst und von den Studierenden reflektiert. Die Reflexionsphase veranlasst die Studierenden dazu, künftige Handlungen und Optimierungen im Beratungsgespräch umzusetzen (vgl. DIVIANI u.a. 2012, S. 29 f.). Die neurodidaktische Aussage, dass das Lernen begünstigt wird, wenn der eigene Lernprozess betrachtet und reflektiert wird, kann in Bezug auf das beschriebene Kommunikationstraining dargelegt werden. Ein Bewusstsein für das individuelle Lernen kann dadurch geschaffen werden (vgl. TERHART 2009, S. 153).

Das Kommunikationstraining wird mehrmals mit den Studierenden wiederholt, damit das Gelernte aus der Reflexion der vorangegangenen Beratungsgespräche in das nächste Kommunikationstraining implementiert werden kann (vgl. HEYSE/GIGER 2015, S. 447). Die Erweiterung und Vertiefung des Wissens und der Kompetenzen im Rahmen des Kommunikationstrainings lassen sich neurodidaktisch begründen. Das neue Wissen kann bestmöglichst eingespeichert werden, wenn unmittelbar geübt, wiederholt und angewendet wird (vgl. TERHART 2009, S. 153). Im Rahmen der handlungsorientierten Didaktik wird von der Bedingung gesprochen, geeignete Lernumgebungen wie auch Lerngegebenheiten zu schaffen (vgl. PFÄFFLI 2005, S. 190). BIGGS und TANG (vgl. 2011, S. 108) berücksichtigen im Konzept „Constructive Alignment" auch das Lernumfeld und die Lernumgebung. Die Lernumgebung sollte die Studierenden bestärken und fördern, die geplanten Lernaktivitäten durchzuführen. Die Lehrpersonen sind dafür verantwortlich, eine adäquate Lernumgebung zu schaffen, um die Leistung und die Ausführung der Studierenden überprüfen zu können (vgl. BIGGS/TANG 2011, S. 108). Die Lernumgebung und die Lerngegebenheiten sind für die Umsetzung der Lehr-Lern-Aktivitäten grundlegend. Die auf die Lehr-Lern-Aktivitäten abgestimmte Lernumgebung und Lerngegebenheiten ermöglichen eine Überprüfung der Durchführung der Studierenden. Das Konzept „Constructive Alignment" berücksichtigt ausschließlich eine für die Studierenden förderliche

Lernumgebung und entsprechende Lerngegebenheiten. Da die Lernumgebung und die Lerngegebenheiten die Erfassung der Leistung der Studierenden im Rahmen des „Constructive Alignment" ermöglichen, sollte die Lehrperson berücksichtigt werden. Die Lehr-Lern-Gegebenheiten und die Lehr-Lern-Umgebung ermöglichen die Umsetzung und die Durchführung der Lehr-Lern-Aktivitäten. Im Weiteren wird Bezug auf die Lehr-Lern-Aktivitäten genommen.

Die „learning and teaching activities" sind die Lernaktivitäten der Studierenden und die Lehraktivitäten der Lehrpersonen. Diese Aktivitäten und Handlungen des Lernens und Lehrens zielen auf das beabsichtigte Lernergebnis ab. Damit wird auf die Kongruenz der definierten Kompetenzziele und der damit verbundenen Lehr-Lern-Aktivitäten im Rahmen der Entwicklung, der Erweiterung und der Vertiefung der Beratungskompetenzen geschlossen. Unter den Lernaktivitäten werden die Lernformen im Rahmen der vermittlungsorientierten und handlungsorientierten Didaktik verstanden. Im Kapitel 3.4 werden Lernformen genannt, die die Verzahnung des theoretischen Wissens mit der Praxis und hierbei die Förderung der Kompetenzen ermöglichen. Unter den didaktischen Prinzipien zählen OELKE und MEYER (vgl. 2013, S. 19) die Persönlichkeitsorientierung auf. Damit wird die Persönlichkeit der Studierenden und Lehrpersonen in der Hochschullehre berücksichtigt. KRAMIS (vgl. 1990, S. 285) führt unter den Prinzipien die Schülerorientierung an. Die Persönlichkeitsorientierung wie auch die Schülerorientierung berücksichtigen, dass sich die Lehre an der Persönlichkeit, den Interessen und den Bedürfnissen der Lernenden orientieren soll. Offensichtlich bezieht die Persönlichkeitsorientierung im Lehr-Lern-Prozess sowohl die Lernenden als auch die Lehrenden mitein (vgl. OELKE/MEYER 2013, S. 19). In das Konzept „Constructive Alignment" sind die Aktivitäten der Lehrpersonen wie auch die der Lernenden involviert (vgl. BIGGS/TANG 2011, S. 105). Diesbezüglich werden beide Akteure im Lehr-Lern-Prozess berücksichtigt. Die „assessment tasks" sind Methoden, um das beabsichtigte Lernergebnis zu erfassen. Diese Komponente berücksichtigt die Lernerfolgskontrolle, die durch geeignete Methoden durchgeführt wird. Dabei fungieren die „assessment tasks" selbst als Aktivität, die das Lernergebnis in der Qualität erfasst. Naheliegend als Methoden zur Überprüfung der Lernergebnisse sind Reflexionsberichte und Feedbackarbeiten, die die Studierenden durchführen können, denn diese Methodik wird im Rahmen des Kommunikationstrainings in der Berner Fachhochschule eingesetzt (vgl. DIVIANI u.a. 2012, S. 29). Die „assessment tasks" sollten die Möglichkeit beinhalten, dass die Studierenden ihre eigenen Lernprozesse reflektieren können, um ein Bewusstsein für das individuelle Lernen zu schaffen. Das „Constructive Alignment" berücksichtigt die Anpassung und die Verbindung zwischen den beabsichtigten Lernergebnissen, den Lern- und Lehraktivitäten und den Methoden zur Erfassung der Lernresultate. Jede Lehrveranstaltung sollte so konzipiert sein, dass sich die Lernaktivitäten und die Überprüfungsmethoden an den erwünschten Lernergebnissen orientieren (vgl. HATTIE 2009, S. 6). Die Elemente „teaching and learning activities" und „assessment tasks" des Konzeptes „Constructive Alignment" orientieren sich an das beabsichtigte Lernergebnis. Dies wurde von BIGGS und TANG (vgl. 2011, S. 105) exemplarisch durch eine Abbildung verdeutlicht. Aus den Beschreibungen von BIGGS und TANG (vgl. 2011, S. 99) preisen, geht offensichtlich hervor, dass das Konzept „Constructive Alignment" im Gegensatz zu anderen ergebnisorientierten hochschuldidaktischen Zugängen, eine Verbindung zwischen „learning and teaching activities", „assessment tasks" und „intended learning outcomes" integriert. In der Gestaltung des Lehr-Lernprozesses werden die Lehr-Lernaktivitäten mit den Methoden und Instrumenten zur Erfassung des Lernergebnisses abgestimmt. In Anlehnung an die Konzeption „Constructive Alignment" werden die Entwicklung, Erweiterung und Vertiefung der Beratungskompetenzen im Rahmen des Bachelor-Studiengangs Diätologie integriert. Dabei wird die Verbindung zwischen den Lehr-Lernaktivitäten und den Instrumenten zur Einschätzung der erreichten Kompetenzziele grafisch dargestellt.

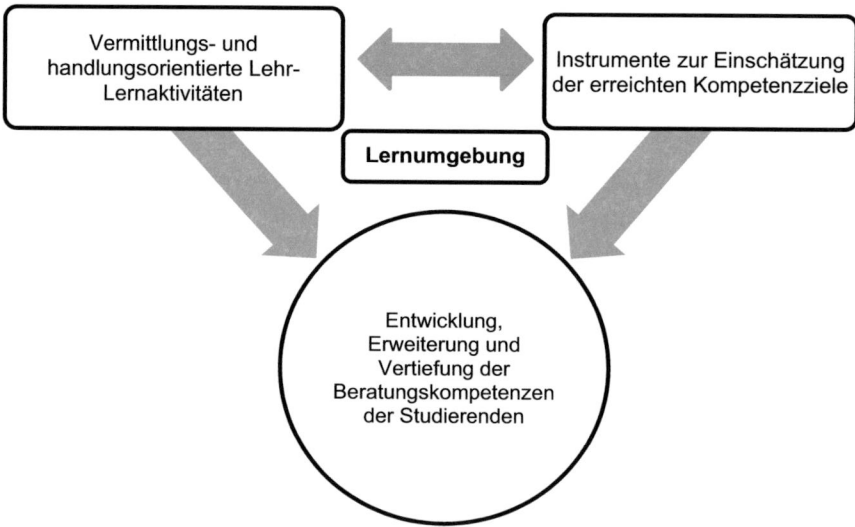

Abbildung 11: Das Konzept „Constructive Alignment" im Kontext der Entwicklung, Erweiterung und Vertiefung der Beratungskompetenzen (Quelle: eigene Darstellung).

Das Element „intended learning outcomes" wird in dieser Abbildung als die Entwicklung, Erweiterung und Vertiefung der Beratungskompetenzen der Studierenden dargestellt. Die „teaching and learning activities" werden im Sinne der vermittlungs- und handlungsorientierten Lehr-Lern-Aktivitäten integriert. Die vermittlungs- und handlungsorientierte Didaktik beinhaltet Lernformen, die im Konsens mit der beruflichen Praxis stehen und zur Förderung der Kompetenzen beitragen. Die „assessment tasks" stellen fest, in welcher Intensität und Qualität die Entwicklung, die Erweiterung und die Vertiefung der Beratungskompetenzen der Studierenden durch die Lehr- und Lernaktivitäten der vermittlungs- und handlungsorientierten Didaktik erreicht wurden. Somit dienen die „assessment tasks" als Instrument zur Einschätzung der erreichten Entwicklungs-, Erweiterungs- und Vertiefungsstufe der Beratungskompetenzen der Studierenden. Die zu erreichenden Entwicklungs-, Erweiterungs- und Vertiefungsstufen werden anhand der im Kapitel 3.2 beschriebenen Kompetenzziele definiert. In der Gestaltung des „Constructive Alignment" im Sinne der Entwicklung, der Erweiterung und der Vertiefung der Beratungskompetenzen wurden die Lernumgebung und die Lerngegebenheiten integriert, da dies einen wesentlichen Bestandteil in der Umsetzung der Lehr- und Lernaktivitäten bildet.

3.8 Überblick der hochschuldidaktischen Empfehlungen

Übergeordnet werden zur Konzeption der hochschuldidaktischen Empfehlungen vier didaktische Prinzipien von OELKE und MEYER (vgl. 2013, S. 18) herangezogen. Die Realitäts-, die Handlungs-, die Wissenschafts- und die Persönlichkeitsorientierung bilden die grundlegenden Prinzipien der hochschuldidaktischen Empfehlungen. Der konstruktivistische Ansatz wie auch die Neurodidaktik wurden in der Erarbeitung der hochschuldidaktischen Empfehlungen theoriegeleitet begründet. Der Konstruktivismus wird in den verschiedenen Fachdisziplinen philosophisch und erkenntnistheoretisch diskutiert. Die Wirklichkeitstheorie wurde im Sinne des konstruktivistischen Grundgedankens erläutert. Im Zuge dessen wurde die kategoriale Bildung eingebracht. Diese stellt die Verknüpfung der materialen und der formalen Bildung her. Die Beratungskompetenzen setzen sich aus dem wissenschaftlich basierten Wissen und aus den berufsspezifischen Fähigkeiten und Fertigkeiten zusammen. Diesbezüglich konnten die Anteile der materialen und formalen Bildung in den Beratungskompetenzen theoriegeleitet begründet werden. Im Rahmen der Neurodidaktik wurden aus dem Literaturwerk von TERHART (vgl. 2009, S. 152 f.) Aussagen über das Lehren und Lernen formuliert. Anschließend wurden die Verbindungen des konstruktivistischen Ansatzes zu den neurodidaktischen Erkenntnissen hergestellt. Die Neurodidaktik, die die gehirnpsychologischen Ansätze und die kognitionswissenschaftlichen Erkenntnisse miteinbezieht, findet sich in den konstruktivistischen Vorstellungen wieder (vgl. TERHART 1999, S. 632). Neurodidaktische Erörterungen werden von TERHART (vgl. 1999), OELKE und MEYER (vgl. 2013) in Bezug auf den Konstruktivismus eingebracht und stellen so die enge Verknüpfung der beiden didaktischen Ansätze dar. Neurodidaktische Empfehlungen werden von einer reformpädagogischen Allgemeingültigkeit geprägt, die ein genaues Verständnis für die Umsetzung des gehirngerechten Lehrens und Lernens nicht geben können (vgl. ROTH 2011, S. 281). ROTH (vgl. 2011, S. 281 f.) führt explizit Beispiele auf, die diese Allgemeingültigkeit stützen können. Diesbezüglich wurden aus dem Fundus an neurobiologischen Kenntnissen Aussagen ausgewählt, die sich in der Formulierung der hochschuldidaktischen Empfehlungen begründen lassen. Im Rahmen der Konzeption der hochschuldidaktischen Empfehlungen wird die Zielorientierung berücksichtigt. Ziele beschreiben die gewünschten Ergebnisse eines Lehr-Lern-Prozesses (vgl. JANK/MEYER 2011, S. 51). Darüber hinaus erfüllen Ziele in der Hochschullehre die Funktion, eine Orientierungshilfe für Lehrpersonen und für Studierende zu geben. Im Rahmen der vermittlungs- und handlungsorientierten Didaktik von PFÄFFLI (vgl. 2005) werden die Kompetenzziele erörtert. Demnach beschreiben Kompetenzziele die zu entwickelnden Kompetenzen wie auch das gewünschte Kompetenzniveau. Neurodidaktische Aspekte hinsichtlich der Zielorientierung wurden ebenfalls beschrieben. Die Transparenz und die Sinnhaftigkeit der Kompetenzziele sollten gegeben sein im unmittelbaren Bezug zum angestrebten Kompetenzniveau. Die reine Wechselwirkung in der Hochschuldidaktik zwischen Zielen, Inhalten und Methoden nach JANK und MEYER (vgl. 2011) anzunehmen wird in der Formulierung der hochschuldidaktischen Empfehlungen als kritisch angesehen. Die Festlegung und die Formulierung der Kompetenzziele stehen im Kontext mit dem Aufbau einer Wissensstruktur und der Entwicklung, Erweiterung und Vertiefung der Beratungskompetenzen im Bachelor-Studiengang Diätologie. Die Orientierung an Zielen, Wissen und Kompetenzen weist einen direkten Bezug zur vermittlungs- und handlungsorientierten Didaktik auf. Die Konstruktion einer Wissensbasis wird im Rahmen der vermittlungsorientierten Didaktik aufgegriffen und beschrieben. Anhand der adaptierten Taxonomie-Stufen von PFÄFFLI (vgl. 2005), die auf den ursprünglichen Taxonomie-Stufen nach BLOOM (vgl. 1956) basieren, konnten unter Einbindung des beschriebenen fachlich-methodischen Kompetenzerwerbs der FH-MTD-AUSBILDUNGSVERORDNUNG (vgl. § 2 Abs. 4 FH-MTD-AV) begründet werden. Die Taxonomie-Stufen nach BLOOM (vgl. 1956) wurden nicht verwendet, da diese für die Umsetzung und für die Verknüpfung der fachlich-methodischen Kompetenzen nicht ausreichend praktikabel sind. Allerdings stellen die Taxonomie-Stufen nach BLOOM (vgl. 1956) das Fundament für die adaptierten Taxonomie-Stufen von PFÄFFLI (vgl. 2005) dar. Unter den Wissensstufen wurden die Aspekte das Wissen verstehen, das Wissen zuordnen, das Wissen beurteilen und das Wissen entwickeln im Kontext der fachlich-methodischen Kompetenzen beschrieben. Im Rahmen der Orientierung an den Taxonomie-Stufen wurden neurodidaktische Empfehlungen berücksichtigt. Darüber hinaus wurde die Wissenschaftsorientierung als grundlegendes Prinzip im Rahmen der hochschuldidaktischen Empfehlungen angeführt und begründet. Die Theorie-Praxis-Verzahnung ist ein grundlegendes Kriterium im Rahmen des Bachelor-Studienganges Diätologie. Diesbezüglich wurde der Transfer des Wissens aufgegriffen. WEINERT u.a. (vgl. 1977, S. 689) appelliert für Veränderungen der Anforderungen in der beruflichen Bildung. Zur Bewältigung der beruflichen Situationen reicht das exakte Reproduzieren des Wissens nicht aus. Es bedarf des Wissens und auch der Erfahrungen, welche sich auf neue Situationen übertragen lassen. Auf Grundlage dessen wurden Bedingungen formuliert, die die Lerntransfer ermöglichen können. Die Gestaltung eines exemplarischen Unterrichts nach KRAMIS (vgl. 1990, S. 285) wurde im Rahmen der Lernübertragung erörtert. Damit die gespeicherten Wissens- und Handlungseinheiten genutzt werden können, ist vorauszusetzen, dass die Lehr-Lern-Aktivitäten exemplarisch für viele Situationen sind. Des Weiteren wurden neurobiologische Kenntnisse herangezogen. Realitätsnähe und Anschlussfähigkeit des vermittelten Wissens fördern das Einspeichern des Wissens. Im Zuge dessen wurden die beteiligten Gedächtnisarten beschrieben. In der Ausbildungsverordnung wird ausschließlich im Rahmen der Berufspraktika die Umsetzung des wissenschaftlich gesicherten Wissens in die Praxis berücksichtigt. Die vermittlungs- und handlungsorientierte Didaktik integriert praxisorientierte Lern- und Handlungsprozesse und greift dabei auf Lehr-Lern-Methoden zurück, die einen direkten Bezug zur Praxis herstellen. Dabei wird auf die Problematik der Theorie-Praxis-Verzahnung eingegangen. Aus den Literaturbezügen von MARSCHELKE (vgl. 2013) und WEINERT u.a. (vgl. 1977) wurde der Lerntransfer mit Bezug zur vermittlungs- und handlungsorientierten Didaktik beschrieben, in der Lernformen und -methoden eingesetzt werden, die auf die Kompetenzentwicklung hinzielen. Die aktuellen Literaturbezüge offerieren ein breites Spektrum an Lehr-Lern-Methoden, die die Verzahnung des theoretischen Wissens mit der Praxis ermöglichen. Die problem- und handlungsbasierten Lehr-Lern-Methoden werden von den Autorinnen und Autoren unterschiedlich beschrieben und ausgelegt. Exemplarisch wird das Berner Modell für professionelle Kommunikation in Gesundheitsberufen angeführt. Verschiedene Dimensionen wurden von PFÄFFLI (vgl. 2005, S. 59 f.) beschrieben, die die Komplexität und die Einzigartigkeit der beruflichen Praxis wiedergeben können. PFÄFFLI (vgl. 2005), MARKOWITSCH, MESSERER und PROKOPP (vgl. 2004) zogen die konstruierte, die simulierte und die echte Praxis von ALTRICHTER und POSCH (vgl. 1994) heran, um die drei Dimensionen im Zusammenhang mit den handlungsorientierten Lernformen zu beschreiben. Dabei ist zu berücksichtigen, dass die fachliche und fachübergreifende Praxis wie auch die kognitive und handlungsversierte Praxis in die konstruierte, simulierte und echte Praxis integriert sind. Die drei Praxisdimensionen bauen aufeinander auf. In der konstruierten Praxis werden dazu Fallbeispiele, die Leittextmethode und das problembasierte Lernen gezählt. Aufbauend auf der konstruierten Praxis kann die simulierte Praxis angewendet werden. Unter simulierter Praxis werden Rollenspiele, Simulationen und Handlungstrainings gefasst. Die echte Praxis weist eine höhere Komplexität und Realitätsnähe auf als die konstruierte und simulierte Praxis. Darunter versteht PFÄFFLI (vgl. 2005, S. 60) Praktika und Projekte. Die Lehr-Lern-Formen wurden in direkte Verbindung zu den Praxisdimensionen gebracht. Lehr-Lern-Konzepte und Forschungsergebnisse wurden angeführt, die exemplarisch die Praxisdimensionen in einen Bezug zu den Lehr-Lern-Arrangements setzen (vgl. DIVIANI u.a. 2012, vgl. VAN DALEN u.a. 2001, vgl. CLEVER u.a. 2014). Das Konzept „Constructive Alignment" repräsentiert die Verbindung zwischen den Lehr-Lern-Aktivitäten, den beabsichtigten Lernergebnissen und der Erfassung der erfüllten Leistungen. Es involviert die konstruktivistische Theorie nach BIGGS und TANG (vgl. 2011, S. 95 ff.). Die Studierenden konstruieren ihr Wissen durch eigene Lernaktivitäten, welche sich an vorher erstellten Schemata und Strukturen orientieren (vgl. BIGGS/TANG 2011, S. 95 ff.). In einer Abbildung wurden die Verbindung und Verknüpfung des „Constructive Alignment" bestehend aus drei Elementen objektiv dargestellt. Die Entwicklung, die Erweiterung und die Vertiefung der Beratungskompetenzen im Rahmen des Bachelor-Studienganges Diätologie wurden anhand des Konzeptes „Constructive Alignment" beschrieben. Die nachfolgende Übersicht repräsentiert die erarbeiteten hochschuldidaktischen Empfehlungen zum Aufbau eines Beratungskompetenzmodells im Bachelor-Studiengang Diätologie:

Die hochschuldidaktischen Empfehlungen zum Aufbau eines Beratungskompetenzmodells im Bachelor-Studiengang Diätologie.

- Das Lehren und Lernen orientiert sich an der Realität, an den Handlungen, an der Wissenschaftlichkeit und an der Persönlichkeit.
- Im Aufbau eines Beratungskompetenzmodells ist die Verbindung der materialen Bildung mit der formalen Bildung zu berücksichtigen.
- Der Aufbau eines Beratungskompetenzmodells integriert die Lehr-Lern-Formen der vermittlungs- und handlungsorientierten Didaktik, Methoden zur Einschätzung der erreichten Kompetenzziele und die Entwicklung, Erweiterung und Vertiefung der Beratungskompetenzen als angestrebtes Bildungsziel.
- Die Kompetenzziele legen die zu erwerbenden Beratungskompetenzen und das anzustrebende Kompetenzniveau fest.
- Die Kompetenzziele stehen in einem Verhältnis zu den Aktivitäten und Handlungen des Lernens und Lehrens und den beabsichtigten Lernergebnissen.
- Die Taxonomie-Stufen ermöglichen den Aufbau der fachlich-methodischen Wissens- und Kompetenzstufen.

Die hochschuldidaktischen Empfehlungen zum Aufbau eines Beratungskompetenzmodells im Bachelor-Studiengang Diätologie (Fortsetzung).

- Im Erwerb der fachlich-methodischen Kompetenzen wird die Wissenschaftsorientierung als grundlegendes Prinzip in der Hochschullehre berücksichtigt.
- Die Übertragung des Gelernten auf andere berufliche Situationen wird durch eine Anschlussfähigkeit und eine Realitätsnähe der Lehr-Lern-Aktivitäten ermöglicht.
- Zur Entwicklung, Erweiterung und Vertiefung der Beratungskompetenzen im Bachelor-Studiengang Diätologie berücksichtigen die Lehr-Lern-Aktivitäten der vermittlungs- und handlungsorientierten Lernformen die drei Praxisdimensionen.
- Die Praxisdimension der fachlichen und fachübergreifenden Praxis sowie die kognitive und handlungsversierte Praxis sind in die konstruierte, simulierte und echte Praxis involviert. In der Gestaltung des Lehr-Lern-Prozesses sind die Praxisdimensionen einzubeziehen.
- Die Komplexität und die Rangfolge der verschiedenen Praxisdimensionen sind im Aufbau eines Beratungskompetenzmodells einzubeziehen.
- Ein Beratungskompetenzmodell integriert die Empfehlung, dass die Lehr-Lern-Aktivitäten wiederholt, geübt und angewendet werden, damit die erworbenen Beratungskompetenzen gefestigt und weiterentwickelt werden können.
- Die Lehr-Lern-Gegebenheiten wie auch die Lernumgebung stehen im direkten Bezug zu den Lehr-Lern-Aktivitäten.
- Instrumente und Methoden zur Einschätzung der erreichten Entwicklungs-, Erweiterungs- und Vertiefungsstufe der Beratungskompetenzen sind im Aufbau eines Beratungskompetenzmodells zu integrieren.
- Die Instrumente zur Einschätzung der erreichten Kompetenzziele ermöglichen den Studierenden ihren eigenen Lehr-Lern-Prozess bewusst wahrzunehmen und zu reflektieren.

Tabelle 2: Die hochschuldidaktischen Empfehlungen zum Aufbau eines Beratungskompetenzmodells (Quelle: eigene Darstellung).

Der Überblick der hochschuldidaktischen Empfehlungen resultiert aus der theoretisch fundierten Konzeption des dritten Kapitels.

4 Diskussion und Ausblick

Das Forschungsziel, die diätologischen Beratungskompetenzen zu erfassen und zu konkretisieren, wurde erreicht. Auf Grundlage des gesetzlichen Rahmens und der facheinschlägigen Werke wurden die diätologischen Beratungskompetenzen herausgearbeitet. Hierbei dienten die Inhalte aus der FH-MTD-AUSBILDUNGSVERORDNUNG (vgl. § 2 FH-MTD-AV) als Richtschnur für die Erfassung und Konkretisierung der diätologischen Beratungskompetenzen. Die wissenschaftliche Arbeit von MISSONI (vgl. 2013) und das Praxisbuch von LÜCKERATH und MÜLLER (vgl. 2014) wurden als zentrale Literaturquellen zur Beschreibung der diätologischen Beratungskompetenzen herangezogen. Einschlägige Fachliteraturbezüge über Beratungskompetenzen, die in einem Bezug zu Fachtermini der Diätologie stehen, sind nicht ausreichend gegeben, um die Beratungskompetenzen eindeutig zu differenzieren. Diese literarische Erarbeitung entstand durch die Zusammenführung und die Vernetzung mehrerer Publikationen und Schriftwerke. Weiterführende literarische Werke wurden deshalb genutzt, die die Beratungskompetenzen im Allgemeinen beruflichen Kontext beschrieben haben. Eine fundierte Erfassung und Beschreibung der diätologischen Beratungskompetenzen konnte dadurch vorgenommen werden. Die explizite Differenzierung zwischen den beruflichen Handlungskompetenzen und den Beratungskompetenzen fehlt in der FH-MTD-AUSBILDUNGSVERORDNUNG (vgl. § 2 FH-MTD-AV). Insbesondere hinsichtlich der fachlich-methodischen Kompetenzen wurden Fachliteraturbezüge von LÜCKERATH und MÜLLER (vgl. 2014), PFÄFFLI (vgl. 2005) und WALTER (vgl. 2011) herangezogen, um die diätologischen Beratungskompetenzen herausarbeiten zu können. Im Hinblick auf die Auslegung der sozialkommunikativen Kompetenzen und Selbstkompetenzen der FH-MTD-AUSBILDUNGSVERORDNUNG (vgl. § 2 Abs. 4 FH-MTD-AV) ist zu erkennen, dass eine Aneinanderreihung der Fähigkeiten und Fertigkeiten vorgenommen wurde. Des Weiteren wurde beschrieben, welche Handlungen, Fähigkeiten und Fertigkeiten die Absolventinnen und Absolventen nach Abschluss des Bachelor-Studienganges Diätologie erfüllen können. Die diätologischen Beratungskompetenzen wurden hierbei nicht explizit genannt. Um auch diese Problematik in der Differenzierung der Beratungskompetenzen zu bewältigen, wurden die veröffentlichten Inhalte des Bachelor-Studienganges der Diätologie herangezogen, um die Unterscheidung der sozialkommunikativen Kompetenzen und Selbstkompetenzen vorzunehmen. Die Konkretisierung der sozialkommunikativen Kompetenzen und der Selbstkompetenzen wurde durch die Literaturquellen von LÜCKERATH und MÜLLER (vgl. 2014), WALTER (vgl. 2011), HAUSER (vgl. 2012) und KUGLER (vgl. 2012) belegt. Die Beratungskompetenzen einer Diätologin bzw. eines Diätologen werden sichtbar in der Umsetzung und Durchführung der diätologischen Interventionen. Die Beratungskompetenzen wurden nicht anhand der verschiedenen diätologischen Interventionen unterschieden. Eine empirisch gestützte Arbeit zur Erfassung und Konkretisierung der Beratungskompetenzen berufstätiger Diätologinnen und Diätologen vervollständigt, überprüft und falsifiziert die literarisch dargelegten Ergebnisse. Eine Validierung, der in der Ausbildungsverordnung beschriebenen Handlungskompetenzen, kann dadurch umgesetzt werden.

Veranlasst durch die Problemstellung und des Forschungsstandes wurde einem weiteren Forschungsziel nachgegangen - hochschuldidaktische Empfehlungen zur Entwicklung eines Beratungskompetenzmodells zu formulieren. Die hochschuldidaktischen Empfehlungen zur Entwicklung, Erweiterung und Vertiefung der Beratungskompetenzen im Bachelor-Studiengang Diätologie wurden durch eine theoriegeleitete fundierte Arbeit formuliert. Damit bildet die Festlegung der diätologischen Beratungskompetenzen einen Grundstein für die Erarbeitung der hochschuldidaktischen Empfehlungen. In Österreich existiert kein didaktisch und methodologisch aufgebautes Konzept zur Erweiterung, Vertiefung und Entwicklung der Beratungskompetenzen. Zudem legen weiterführende Literaturrecherchen dar, dass bisher kein Fachdidaktik Modell im Bereich der Ernährung und Diätetik konzipiert wurde. Daraus entspringt die Notwendigkeit, Empfehlungen zum Aufbau eines Beratungskompetenzmodells zur Entwicklung, Erweiterung und Vertiefung der Beratungskompetenzen im Rahmen des Bachelor-Studienganges Diätologie durch theoriegeleitete und evidenzbasierte Bezüge zu formulieren. Zur Erarbeitung der hochschuldidaktischen Empfehlungen wurden allgemeingültige didaktische und methodische Konzeptionen und Ansätze genutzt. Auf Grundlage des konstruktivistischen Ansatzes und der Neurodidaktik wurden die hochschuldidaktischen Empfehlungen aufgebaut. Weiterführend wurden vier didaktische Prinzipien der Handlungsorientierung eingearbeitet und theoriegeleitet begründet. Im Vergleich dazu integrieren Fachdidaktik Modelle ein breiteres Theoriegebilde. Beispielsweise das Fachdidaktik Modell Pflege von SCHWARZ-GOVAERS (vgl. 2009) involviert verschiedene didaktische Theorien und Ansätze. Da es sich nicht um den Aufbau eines Fachdidaktik Modells handelt, wurde in der Erarbeitung der hochschuldidaktischen Empfehlungen gezielt der Konstruktivismus, die Neurodidaktik und die vier didaktischen Prinzipien der Handlungsorientierung eingearbeitet. Eine Erweiterung des didaktischen Theoriegebildes ist im Aufbau eines Beratungskompetenzmodells zu berücksichtigen. Die theoriegeleiteten hochschuldidaktischen Empfehlungen bilden eine Brücke zum Konzept „Constructive Alignment". In Anlehnung an das Konzept „Constructive Alignment" nach BIGGS und TANG (vgl. 2011) wurden die hochschuldidaktischen Empfehlungen zur Entwicklung, Erweiterung und Vertiefung der Beratungskompetenzen der Studierenden des Studienzweiges Diätologie implementiert. Die vermittlungs- und handlungsorientierten Lehr-Lernaktivitäten, die Instrumente zur Einschätzung der erreichten Kompetenzziele, die Lernumgebung, die Entwicklung, Erweiterung und

Vertiefung der Beratungskompetenzen der Studierenden als angestrebtes Lernergebnis wurden in diese Konzeption überführt. Die hochschuldidaktischen Empfehlungen knüpfen hierbei an das Konzept „Constructive Alignment" an. Demgegenüber stehen etablierte didaktische Unterrichtsverfahren. JANK und MEYER (vgl. 2011) postulieren die Unterrichtgestaltung anhand der Ziele, der Inhalte und der Methodik durchzuführen. In der Erarbeitung der hochschuldidaktischen Empfehlungen wurden Nachteile dieser etablierten didaktischen Herangehensweise aufgedeckt. Im Gegensatz dazu bewies das Konzept „Constructive Alignment" nach BIGGS und TANG (vgl. 2011) eine geeignete Übertragbarkeit der Elemente im Zusammenhang der Entwicklung, Erweiterung und Vertiefung der Beratungskompetenzen der Fachrichtung Diätologie. Schlussfolgerung wurde das zweite Forschungsziel erfüllt. Hochschuldidaktische Empfehlungen zur Erweiterung, Entwicklung und Vertiefung der Beratungskompetenzen im Rahmen des Bachelor-Studienganges Diätologie wurden formuliert.

Die hochschuldidaktischen Empfehlungen bilden das Fundament zur Konzeption eines Beratungskompetenzmodells, welches zur praktischen Erprobung in die Bachelor-Studiengänge im fachspezifischen Bereich der Diätologie integriert werden kann. Die Implementierung eines Beratungskompetenzmodells in die Bachelor-Studiengänge der Diätologie ermöglicht eine Weiterentwicklung des Lehrens und Lernens auf Hochschulniveau. Empirische Forschungsprojekte ermöglichen eine Überprüfung und eine Evaluation der fundierten theoriegeleiteten Arbeit. Ein Anspruch auf Vollständigkeit der hochschuldidaktischen Empfehlungen wird nicht erhoben, da diese theoriegeleitete Arbeit vorläufig für künftige Reflexion und Erprobung betrachtet werden kann.

Literaturverzeichnis

ALTRICHTER, H./POSCH, P. (1994): Aspekte der didaktischen Gestaltung von Fachhoch-schulstudiengängen. Berufliche Bildung und Qualität der Lehre. Passagenverlag, Wien.

BERKLING, Heike (2010): Lösungsorientierte Beratung. Handlungsstrategien für die Schule. W. Kohlhammer GmbH, Stuttgart.

BIGGS, John/TANG, Catherine (2011): Teaching for Quality Learning at University. What the Student Does. 4th edition, Society for Research into Higher Education & Open University Press, New York.

BIRKENBIHL, Vera F. (2010): Rhetorik. Redetraining für jeden Anlass. Besser reden, verhandeln, diskutieren. 15. Aufl., Ariston Verlag, München.

BLOOM, Benjamin Samuel (1956): Taxonomy of Educational Objectives. The Classification of Educational Goals, Handbook I: Cognitive Domain. David McKay Company, New York.

BOLAND, Hermann (1993): Grundlagen der Kommunikation in der Beratung. Wissen-schaftlicher Verlag, Gießen.

BORNEMANN, Heike (2014): Systemische Perspektiven in der Ernährungsberatung. Fort- und Weiterbildung. In: Ernährungs Umschau 1/2014, S. 44-50.

BRUNNER, Anne (2015): Die Kunst des Fragens. 4. Aufl., Carl Hanser Verlag, München.

BUNDESGESETZ ÜBER DIE REGELUNG DER GEHOBENEN MEDIZINISCH-TECHNISCHEN DIENSTE (MTD-GESETZ) (2015): BGBl. Nr. 460/1992, URL: https://www.ris.bka.gv.at/GeltendeFassung.wxe?Abfrage=Bundesnormen&Gesetzesnum mer=10010701 [Stand: 15-11-2015].

CLEVER, Sarah L./DUDAS, Robert A./SOLOMON, Barry S./YEH, Chieh Hsin/LEVINE, Da-vid/BERTRAM, Amanda/GOLDSTEIN, Mitchell/SHILKOFSKI, Nicole/COFRANCESCO, Joseph (2011): Medical Student and Faculty Perspective Volunteer Outpatients Versus Simulated Patients in Communication Skills Training. In: Academic Medicine No. 11/November 2011, S. 1437-1442.

CULLEY, Sue (2013): Beratung als Prozeß. Lehrbuch kommunikativer Fertigkeiten. 5. Aufl., Beltz Verlag, Weinheim und Basel.

DEUTSCHER BILDUNGSRAT (1974): Zur Neuordnung der Sekundarstufe II. Konzept für eine Verbindung von allgemeinem und beruflichem Lernen. Bonn.

DIETRICH, Georg (1983): Allgemeine Beratungspsychologie. Verlag für Psychologie Hogrefe, Zürich.

DIVIANI, Stefanie/LOOS, Inge/MATT, Robert Sibylle/METZENTHIN, Petra/ROHRBACH, Daniela/SCURA, Ninetta/WATZEK, Dörte (2012): Professionelle Kommunikation in Gesundheitsberufen. Ein Konzept zur Umsetzung in der Lehre und in der Weiterbildung. Bern: Berner Fachhochschule, Fachbereich Gesundheit (internes Dokument).

ERTELT, Bernd-Joachim/SCHULZ, E. William (2015): Handbuch Beratungskompetenz. Mit Übungen zur Entwicklung von Beratungsfertigkeiten in Bildung und Beruf. 3. unveränderte Aufl., Springer Fachmedien. Wiesbaden.

EUROPÄISCHES PARLAMENT/RAT (2008): Empfehlung des Europäischen Parlaments und des Rates vom 23. April 2008 zur Einrichtung des Europäischen Qualifikationsrahmens für lebenslanges Lernen. S.1-7.

FACHHOCHSCHULE ST. PÖLTEN UNIVERSITY OF APPLIED SCIENCES (2015a): Diätologie/Studieninhalte. URL: https://www.fhstp.ac.at/de/studium-weiterbildung/gesundheit/diaetologie/studieninhalte [Stand: 12-06-2015].

FACHHOCHSCHULE ST. PÖLTEN UNIVERSITY OF APPLIED SCIENCES (2015b): Diätologie. C:\Users\Petra\AppData\Local\Temp\BDI_Folder-1.pdf [Stand: 27-09-2015].

FH-MTD-AUSBILDUNGSVERORDNUNG – FH-MTD-AV (2005): BGBl. Nr. 460/1992 zuletzt geändert durch das Bundesgesetz BGBl I Nr. 70/2005. URL: https://www.ris.bka.gv.at/GeltendeFassung.wxe?Abfrage=Bundesnormen&Gesetzesnummer=20004516&ShowPrintPreview=True [Stand: 28-04-2015].

FH GESUNDHEITSBERUFE OÖ GMBH (2015a): Diätologie/Berufsbild, URL: http://www.fh-gesundheitsberufe.at/studieren/studienangebot/bachelor-studiengaenge/diaetologie/berufsbild/[Stand: 16-08-2015].

FH GESUNDHEITSBERUFE OÖ GMBH (2015b): Diätologie/Modulplan/Curriculum/LVA, URL: http://www.fh-gesundheitsberufe.at/wp/wp-content/uploads/2015/03/1cec54daf861d884d42a11a016e2c772.pdf [Stand: 16-08-2015].

FH GESUNDHEITSBERUFE OÖ GMBH (2015c): Diätologie/Studiengang, URL: http://www.fh-gesundheitsberufe.at/studieren/studienangebot/bachelor-studiengaenge/diaetologie/studiengang/[Stand: 16-08-2015].

FH JOANNEUM GESELLSCHAFT MBH (2015a): Diätologie/Studienplan/Kommunikation 1, URL: https://www.fh-joanne-um.at/aw/home/Studienangebot_Uebersicht/department_gesundheitsstudien/dio/Studium/Inhalte/~uqz/DIO_lvdetails/?alvid=4342412736&lan=de [Stand: 23-08-2015].

FH JOANNEUM GESELLSCHAFT MBH (2015b): Diätologie/Studienplan/Kommunikation 2,
URL: http://www.fh-
joanne-
um.at/aw/home/Studienangebot_Uebersicht/department_gesundheitsstudien/dio/Studium/
Inhalte/~uqz/DIO_lvdetails/?alvid=4346873795&lan=de [Stand: 23-08-2015].

FH CAMPUS WIEN (2015): Diätologie/Studienplan/3. Semester, URL: https://www.fh-
campuswien.ac.at/studium/studien-und-
weiterbildungsange-
bot/detail/diaetologie.html?tx_asfhcw_course[controller]=Course&cHash=bee1183897d32
05d5cedb73ddf5f4c9f [Stand: 29-08-2015].

GABLICK, Kathrin (2011): Das pädagogische Rollenspiel – eine aktuelle Kompetenz
entwickelnde Unterrichtsmethode. In: Deutscher Verband Ergotherapeuten e.V., S. 27-31.

GILLEN, Julia (2007): Berufliche Kompetenz, Erkenntnisse und Erfahrungen. In: Fachzeitschrift für Pflegepädagogik PADUA, 4_September_2007, S. 5-10.

GNAHS, Dieter (2010): Der deutsche Qualitätsrahmen. Entwicklungsstand, Qualitätspunkte
und Perspektiven. URL: http://www.die-bonn.de/doks/gnahs1002.pdf [Stand: 20-06-2015].

HAHN, Andreas/STRÖHLE, Alexander/WOLTERS, Maike (2006): Ernährung. Physiologische
Grundlagen, Prävention, Therapie. 2., überarbeitete und aktualisierte Aufl., wissenschaftliche Verlagsgesellschaft mbH, Stuttgart.

HAUSER, Hans-Georg (2012): Worauf Berater achten. Kompetenzen – Methoden – Trends
in der professionellen Beratung. 3. neu bearbeitete Aufl., Linde Verlag Wien Ges.m.b.H.,
Wien.

HATTIE, J. (2009): The Black Box of tertiary assessment. An impending revolution. In: L. H.
MEYER/S. DAVIDSON/H. ANDERSON u.a. (eds.): Tertiary Assessment and Higher Education
Student Outcomes: Policy, Practice and Research. Wellington, New Zealand: Ako
Aotearoa.

HEYSE, Volker/ERPENBECK, John (2007): KompetenzManagement. Methoden, Vorgehen,
KODE® und KODE®X im Praxistest. Waxmann Verlag. Münster/New York.

HEYSE, Volker/GIGER, Max (2015): Erfolgreich in die Zukunft. Schlüsselkompetenzen in
Gesundheitsberufen. Konzepte und Praxismodell für die Aus-, Weiter- und Fortbildung in
Deutschland, Österreich und der Schweiz. Medhochzwei Verlag GmbH, Heidelberg.

HIGGS, Joy (2008): Clinical Reasoning in the Health Professions. Elsevier Health Science.

HOFBAUER, Andrea/GABRIELE, Kamer/PAIL, Elisabeth/PURTSCHER, Anna Elisabeth/SCHERER, Christine/TAMMEGGER, Marianne (2011): Der diätologische Prozess als Instrument der Qualitätssicherung. In: Jem – Journal für Ernährungsmedizin. März 2011, S. 18-19.

JANK, Werner/MEYER, Hilbert (2011): Didaktische Modelle. 10. Aufl., Cornelsen Verlag Scriptor GmbH & Co. KG, Berlin.

KELLER, Georg/THIELE, Michael (2004): Kommunikationspraxis für Ernährungsfachkräfte. Sie haben das Wort! Wissenschaftliche Verlagsgesellschaft mbH, Stuttgart.

KLAFKI, Wolfgang (1957): Das pädagogische Problem des Elementaren und die Theorie der kategorialen Bildung. Beltz Verlag, Weinheim.

KRAMIS, Jo (1990): Bedeutsamkeit, Effizienz, Lernklima. Grundlegende Gütekriterien für Unterricht und Didaktische Prinzipien. In: Beiträge zur Lehrerbildung. Zeitschrift zu theoretischen und praktischen Fragen der Didaktik der Lehrerbildung. Jahrgang 8/Heft 8, S. 279-296.

KRAUSE, Christina/FITTKAU, Bernd/FUHR, Reinhard/THIEL, Heinz-Ulrich (2003): Pädagogische Beratung. Grundlagen und Praxisanwendung. Verlag Ferdinand Schöningh, Paderborn.

KRÜGER, Heinz-Hermann/HELSPER, Werner (2010): Einführung in Grundbegriffe und Grundfragen der Erziehungswissenschaft. 9. Aufl., Verlag Barbara Budrich, Opladen & Farmington Hills.

KUGLER, Julia (2012): Der Umgang mit schwierigen Situationen in der Ernährungsberatung. In.: Ernährungs Umschau 3/2012. S. 170-180.

LÜCKERATH, Eva/MÜLLER, Sven-David (2014): Diätetik und Ernährungsberatung. Das Praxisbuch. 5. aktualisierte Aufl., Karl F. Haug Verlag, Stuttgart.

MARKOWITSCH, Jörg/MESSERER, Karin/PROKOPP, Monika (2004): Handbuch praxisorientierter Hochschulbildung. Facultas Verlags- und Buchhandel AG WUV, Wien.

MARSCHELKE, Ekkehard (2013): Lerntransfer. In: Die Fachzeitschrift für Pflegepädagogik PADUA 8, S. 82-84.

METZENTHIN, Petra (2008): Neue Wege zur Beratungskompetenz. Kommunikationstraining im Bachelor-Studiengang Pflege. In: Die Zeitschrift für Pflegepädagogik PADUA 8, S. 25-30.

MIGGE, Björn (2005): Handbuch Coaching und Beratung. Wirkungsvolle Modelle, kommentierte Falldarstellungen, zahlreiche Übungen. Beltz Verlag, Weinheim und Basel.

MISSONI, Barbara (2013): Klinisches Reasoning im Kontext der ernährungsmedizinischen Beratung als Bestandteil des diätologischen Prozesses. Grin Verlag GmbH, Norderstedt Germany.

MUTZECK, Wolfgang (2008): Kooperative Beratung. Grundlagen, Methoden, Training, Effektivität. 6. vollständig überarbeitete Aufl., Beltz Taschenbuch, Weinheim und Basel.

NICKOLAUS, Reinhold (2012): Didaktik – Modelle und Konzepte beruflicher Bildung. Orientierungshilfe für die Praxis. 3. korrigierte und erweiterte Aufl., Schneider Verlag Hohengehren, Baltmannsweiler.

OELKE, Uta/MEYER, Hilbert (2013): Didaktik und Methodik für Lehrende in Pflege- und Gesundheitsberufen. Cornelsen Schulverlag GmbH, Berlin.

PFÄFFLI, Brigitte K. (2005): Lehren an Hochschulen. Eine Hochschuldidaktik für den Aufbau von Wissen und Kompetenzen. Haupt Verlag, Bern.

PUDEL, Volker/WESTENHÖFER, Joachim (2003): Ernährungspsychologie. Eine Einführung. 3. Aufl., Hogrefe Verlag, Göttingen.

RADATZ, Sonja (2006): Beratung ohne Ratschlag. Systemisches Coaching für Führungs- kräfte und BeraterInnen. 4. unveränderte Aufl., Verlag Systematisches Management, Wien.

REABURN, Peter/MULDOON, Nona/BOOKALLIL, Cheryl (2009): Blended spaces, work based learning and constructive alignment: Impacts on Student engagement. In: Same places. Different spaces. Proceedings Ascilite, Auckland. URL: http://www. Ascilite.org.au/conferences/auckland09/procs/raeburn.pdf [Stand: 30-06-2015].

ROGER, Carl R. (2012): Therapeut und Klient. Grundlagen der Gesprächspsychotherapie. 21. Aufl., Fischer Taschenbuch Verlag, Frankfurt am Main.

ROTH, Gerhard (1997): Das Gehirn und seine Wirklichkeit. Kognitive Neurobiologie und ihre philosophischen Konsequenzen. Suhrkamp Verlag, Frankfurt am Main.

ROTH, Gerhard (2011). Bildung braucht Persönlichkeit. Wie Lernen gelingt. 4. Aufl., Klett-Cotta, Stuttgart.

SCHAEFFER, Doris (2008): Der erste Schritt zur Besserung. Zum Unterschied zwischen Information, Aufklärung und Beratung. In: Padua 2_April_2008. Verlag Hans Huber, Hogrefe AG, Bern, S. 6-11.

SCHNEBEL, Stefanie (2012): Professionell beraten. Beratungskompetenz in der Schule. 2. ergänzte Aufl. Beltz Verlag, Weinheim und Basel.

SITTE, Wolfgang/WOHLSCHLÄGL, Helmut. (2006): Beiträge zur Didaktik des „Geographie und Wirtschaftskunde"-Unterrichts. 4. unveränderte Aufl., Institut für Geographie und Regionalforschung der Universität Wien.

TERHART, Ewald (1999): Konstruktivismus und Unterricht. Gibt es einen neuen Ansatz in der Allgemeinen Didaktik? In: Zeitschrift für Pädagogik 45/5, S. 629-647.

TERHART, Ewald (2009): Didaktik. Eine Einführung. Philipp Reclam jun. GmbH & Co. KG, Stuttgart.

VALENTINI, L./VOLKERT, D./SCHÜTZ, T./OCKENGA, J./PIRLICH, M./DRUML, W./SCHINDLER, K./BALLMER, P.E./BISCHOFF, S.C./WEIMANN, A./LOCHS, H. (2013): Leitlinie der Deutschen Gesellschaft für Ernährungsmedizin (DGEM) DGEM-Terminologie in der Klinischen Ernährung. In: Aktuelle Ernährungsmedizin 38, S. 97-11.

VAN DALEN, J./KERKHOFS, E./VAN KNIPPENBERG-VAN DEN BERG, B. W./VAN DER HOUT, H. A/SCHERPBIER, A. J. J. A /VAN DER VLEUTEN, C. P. M. (2002): Longitudinal and Concentrated Communication Skills Programmes: Two Dutch Medical Schools Compared, Advances in Health Sciences Education 7, S. 29-40.

VERBAND DER DIAETOLOGEN ÖSTERREICHS (2015): Diaetologie/Diaetologischer Prozess, URL: http://www.diaetologen.at/diaetologie/diaetologischer-prozess/[Stand: 12-06-2015].

WALTER, Simon (2011): GABALs großer Methodenkoffer. Grundlagen der Kommunikation. 6. Aufl., GABAL Verlag GmbH, Offenbach.

WEIDENMANN, Bernd (1993): Pädagogische Psychologie. Psychologie Verlags-Union, München.

WEINBERGER, Sabine/LINDNER, Helga (2011): Personenzentrierte Beratung. W. Kohlhammer GmbH, Stuttgart.

WEINERT, Franz E./GRAUMANN, C./HECKHAUSEN, H./HOFER, M. (1977): Lernübertragung. In: Funk-Kolleg Pädagogische Psychologie. Band 2. S. 688-709.

Abbildungsverzeichnis

Tabellenverzeichnis